Mein erstes Häkelbuch

Mariella Vitale

Mein erstes Häkelbuch

Häkelschule mit originellen Anleitungen für Kinder ab 6 Jahren

Aus dem Italienischen übersetzt von Janne Graf

Inhalt

Jetzt geht es los, dein Häkelabenteuer!

Wir machen uns gemeinsam auf den Weg in die magische Welt der Häkelmaschen. Wir spielen mit Wolle und lassen aus einem Faden etwas ganz Neues entstehen, etwas Einzigartiges, über das du dich freust. Alles was du brauchst sind eine Häkelnadel, etwas Garn und ein paar einfache Regeln. Dann kannst du loslegen, überall und jederzeit. Du wirst schnell merken: Häkeln macht Spaß, und du willst gar nicht wieder damit aufhören. Wir starten mit den WICHTIGSTEN MASCHENARTEN, die du mit unseren anschaulichen Lehrgangszeichnungen schnell lernst. Dann gibt es VIELE IDEEN für coole Sachen, die du häkeln kannst. Witzige Modelle und niedliche Kleinigkeiten, die du jetzt schon hinkriegst, und die alle staunend bewundern werden: Was? Das hast du selbst gehäkelt? Wow!

Unser Tipp Nr. 1: HAB EIN WENIG GEDULD! Du lernst jetzt häkeln, und bevor du es richtig gut kannst, musst du es einfach ein bisschen üben, das gehört dazu! Lass dich nicht entmutigen, wenn deine Maschen nicht sofort so perfekt aussehen wie in den Bildern im Buch. Aufribbeln und nochmal machen gehört zum Maschenspiel dazu. Wenn es dann besser klappt, freust du dich umso mehr und bist stolz – zu Recht, denn es ist toll, dass du etwas selber häkeln kannst!

Auf geht's, lass uns in den Häkelspaß starten!

TIPPS FÜR ERWACHSENE MITLESENDE

Jetzt haben Sie die Chance, ein Kind zu unterstützen, das sich zum ersten Mal an eine Handarbeit wagt. Wenn sich Kinder kreativ betätigen, entwickeln sie neue Fähigkeiten, gewinnen Selbstvertrauen und schaffen Großartiges. Häkeln ist richtig gut für Kids!

Alle Projekte in diesem Buch sind so konzipiert, dass Kinder sie selbstständig durchführen können. Einige sind ganz einfach, andere erfordern mehr Aufmerksamkeit. **Ermutigen Sie Ihr Kind** dazu, so viel wie möglich selbst zu machen, und helfen Sie nur dann, wenn Sie darum gebeten werden. Feuern Sie die kleinen Häkler und Häklerinnen aber an, bejubeln Sie auch kleine Fortschritte und geben Sie so viel **Anerkennung und Lob** wie möglich – das stärkt das Selbstwertgefühl und fördert die Ausdauer.

Womit fangen wir an?

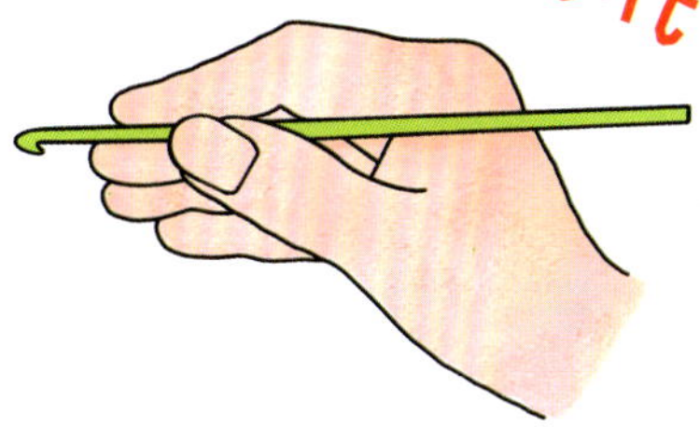

Natürlich geht es mit der Häkelnadel los!
Sie ist dein Zauberstab! Allerdings wählst du deine Häkelnadel aus, und nicht sie dich, wie es Zauberstäbe tun.
Es gibt die unterschiedlichsten Häkelnadeln – aus Metall, Holz, Bambus oder Kunststoff, gerade oder speziell ausgeformt, ungefärbt oder bunt. Die Auswahl ist wirklich riesig!
Für den Anfang ist eine Häkelnadel aus Metall (Aluminium oder Stahl) am besten geeignet, weil sie leicht durch die Maschen gleitet und dir das Häkeln einfach macht.

Es gibt zwei Möglichkeiten, eine Häkelnadel zu halten: Wie einen Stift oder wie einen Zauberstab (den hält man übrigens genauso wie ein Messer beim Essen). Beides funktioniert gleich gut, probier aus, was für dich am bequemsten ist.

Stift oder Zauberstab?

Aufbau einer Häkelnadel

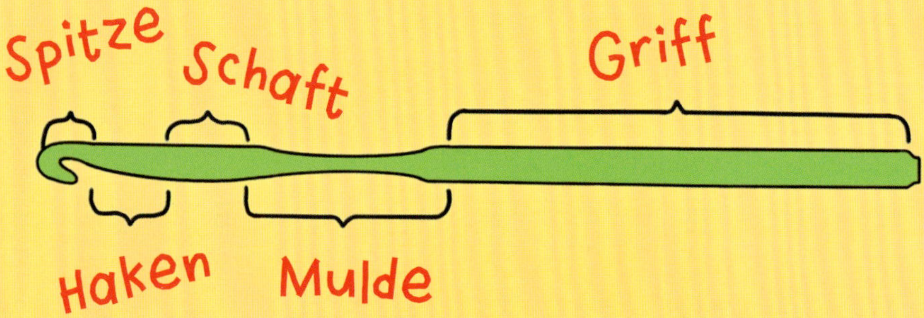

SPITZE: Dies ist der Teil, mit dem du in die Masche einstichst. Die Spitze muss schön glatt sein, damit sie gut in die Masche gleitet. Sie darf aber auch nicht zu spitz sein, damit sie den Faden nicht spaltet.

HAKEN: Damit wird der Faden gefasst und durch die Masche gezogen. Die Größe des Hakens muss zum Garn passen, damit der Faden sicher gehalten wird und nicht wieder rausrutscht.

SCHAFT: Der Schaft nimmt die neuen Maschen auf. Seine Dicke bestimmt die Größe der Maschen. An dieser Stelle liegt auch dein Mittelfinger, wenn du die Häkelnadel wie einen Stift hältst.

MULDE: Wenn du die Häkelnadel wie einen Zauberstab hältst, liegen Daumen und Mittelfinger an dieser Stelle, damit du die Nadel beim Häkeln drehen kannst.

GRIFF: Der Griff bringt die Häkelnadel ins Gleichgewicht.

Jetzt geht es ums Garn, mit dem du häkelst. Es gibt Baumwoll- und Wollgarne in allen möglichen Farben, die sich ganz unterschiedlich anfühlen und sehr verschieden aussehen: glatt, flauschig, bunt oder einfarbig, glänzend oder sogar mit Noppen!
Dickere Garne lassen sich einfacher häkeln, daher such dir für dein erstes Projekt ein schönes, dickes Garn in deiner Lieblingsfarbe und eine Häkelnadel in der passenden Größe dazu aus. Je besser du häkeln kannst, desto mehr Spaß macht es, alle möglichen Garne auszuprobieren. Es gibt Leute, die häkeln mit allerfeinster Wolle, die sonst nur zum Sockenstopfen verwendet wird, klitzekleine Bärchen!

Jeder Knäuel hat eine BANDEROLE oder ein Etikett; darauf findest du viele Informationen über das Garn. Dazu gehören das GEWICHT des Knäuels, die LÄNGE des Fadens und die PARTIE (das ist die Nummer des Farbbades, aus dem dieser Knäuel stammt), die Pflegehinweise für die WÄSCHE und eine Zahl, die angibt, welche HÄKELNADELSTÄRKE zum Garn passt. Diese Zahl ist wichtig, mit einer Häkelnadel in der richtigen Stärke für dein Garn ist das Häkeln viel müheloser und schöner.

Bevor du dein erstes Projekt anfängst, häkle eine MASCHENPROBE. Das ist ein kleines Probestück, das etwa 10 × 10 cm misst. Dabei merkst du sofort, ob deine Häkelnadel zum Garn passt, oder ob sie zu dick oder zu dünn ist. Ist das Musterläppchen zu LOCKER und löchrig, nimm eine dünnere Häkelnadel mit einer kleineren Stärke. Ist es zu FEST, und hast du Schwierigkeiten, mit der Nadel in die Maschen einzustechen, nimm eine dickere Häkelnadel mit größerer Stärke.

Der erste Schritt

Juhu, es geht los! Aber wie fängt es an, wie wird aus einem Faden eine Häkelarbeit? Du startest mit einer einfachen SCHLINGE.

Als erstes legst du den Faden zu einer SCHLAUFE.

Dann ziehst du den vom Knäuel kommenden Faden mit dem Haken der Häkelnadel durch diese Schlaufe.

Dann ziehst du erst am kurzen Ende des Fadens und dann am Faden, der vom Knäuel kommt, und ziehst so die Schlinge um die Häkelnadel fest.
BRAVO!

Du hast deine erste ANFANGSSCHLINGE (oder ANFANGSLUFTMASCHE) gehäkelt, jetzt kannst du weitermachen!

Wie halte ich DEN FADEN???

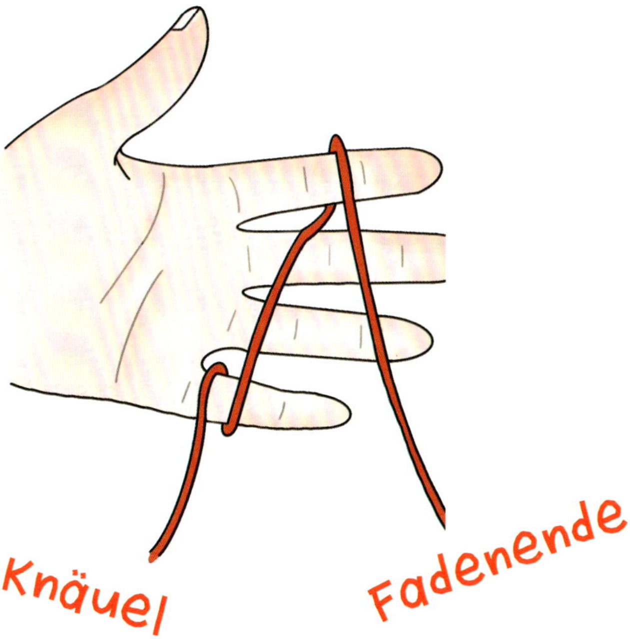

Als Rechtshänderln hältst du den Faden in der linken Hand, als Linkshänderln in der rechten. Damit deine Maschen gleichmäßig werden, musst du den Faden mit der richtigen Spannung in der Hand halten. Er darf weder zu fest noch zu locker sein und soll leicht durch deine Finger gleiten, ohne durchzuhängen und ohne zu stocken. Das kitzelt anfangs ein wenig, daran gewöhnst du dich aber schnell.

Führe den Faden wie im Bild gezeigt um die Finger der linken Hand. Zuerst um den kleinen Finger, dann über die Handinnenfläche und um den Zeigefinger. Wenn du jetzt die Hand locker schließt, kannst du den Faden zwischen Daumenspitze und Zeigefinger einklemmen und so festhalten.

Luftmaschen

Jetzt häkeln wir LUFTMASCHEN. Sie werden in einer Reihe alle hintereinander gehäkelt und bilden so eine laaaaange Kette. Je länger die Luftmaschenkette ist, desto breiter wird dein Häkelprojekt.

Du beginnst mit einer ANFANGSSCHLINGE wie auf Seite 12 beschrieben.
Fasse den Faden mit dem Haken der Häkelnadel und ziehe ihn durch deine Anfangsschlinge.
Die ERSTE LUFTMASCHE ist fertig! Einfach, oder?

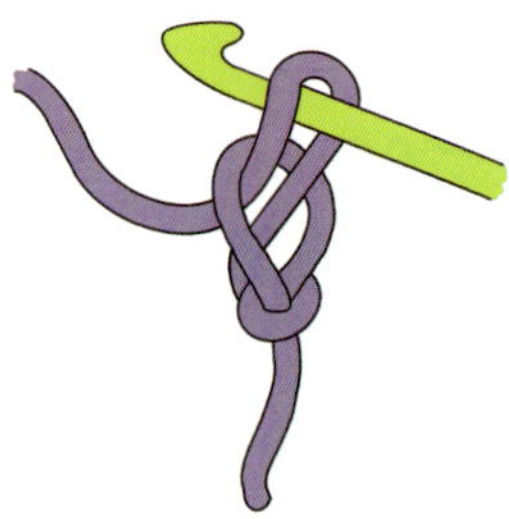

Diesen Vorgang immer wieder wiederholen, so erhältst du eine laaaaange Luftmaschenkette.

Versuche dabei, die FADENSPANNUNG immer gleich, nicht zu fest und nicht zu locker zu halten, damit deine Luftmaschen gleichmäßig werden.

Häkle ganz viele, lange, bunte Luftmaschenketten! Das übt

und du kannst sie als Halskette oder Armband verwenden oder Geschenke damit hübsch verschnüren.

Eine Luftmaschenkette häkeln wird oft auch als **»FADEN ANSCHLAGEN«** oder **»MASCHEN ANSCHLAGEN«** bezeichnet.

In vielen Anleitungen wird die Anzahl der Luftmaschen angegeben, mit denen du startest. »20 Maschen anschlagen« bedeutet, dass du eine Luftmaschenkette aus 20 Maschen häkelst. Wenn du dir die Vorderseite deiner Luftmaschenkette anschaust, sieht sie aus wie eine Reihe von Vs. Jedes V ist eine Luftmasche (dabei weder die Anfangsschlinge noch die Masche auf der Nadel mitzählen).

Erstes Ziel erreicht!

Du kannst LUFTMASCHEN häkeln!

Dafür bekommst du **eine Medaille!** Trag deinen Namen ein!

Feste Maschen

Wenn du ein paar Kilometer Luftmaschenketten gehäkelt hast, wird es Zeit für den nächsten Schritt: feste Maschen!

Feste Maschen sind die einfachsten Maschen, damit kannst du aber schon tolle Sachen machen. Du häkelst immer hin und her, IN HIN- UND RÜCKREIHEN, und wenn du dabei die Farben wechselst, erhältst du ein fantastisches Streifenmuster!

Du fängst mit einer ANFANGSSCHLINGE an und häkelst eine LUFTMASCHENKETTE aus 11 Luftmaschen.

Das ist jetzt nur ein Beispiel, um dir zu erklären, wie feste Maschen gehäkelt werden. Hast du das einmal verstanden, ordentlich geübt und hast die »Feste-Maschen-Medaille« gewonnen, kannst du häkeln, was dir gefällt!

Die letzte Luftmasche der Luftmaschenkette wird bei festen Maschen NICHT mitgezählt. Wenn du 5 feste Maschen häkeln möchtest, machst du 6 Luftmaschen. Für 10 feste Maschen machst du 11 Luftmaschen. Warum? Weil du die erste feste Masche IMMER in die ZWEITE LUFTMASCHE VOR DER HÄKELNADEL häkelst!

Genau dort stichst du ein.

Du stichst die Häkelnadel in die ZWEITE LUFTMASCHE VOR DER NADEL ein.

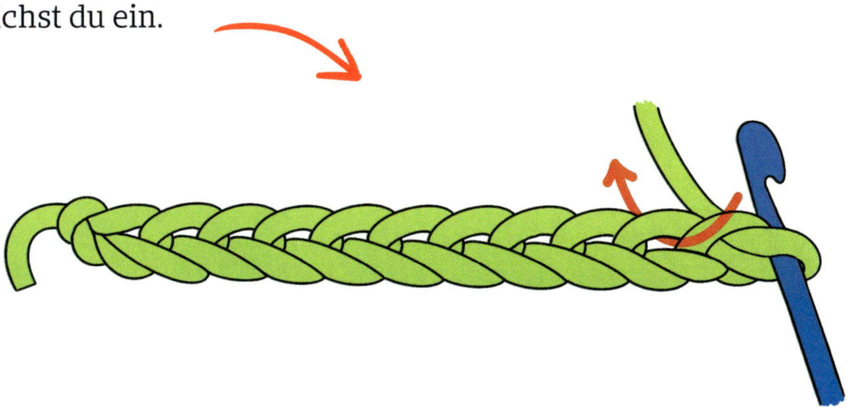

Den Faden mit der Häkelnadel fassen und durch die Luftmasche ziehen. Jetzt liegen zwei Schlingen auf der Häkelnadel. Nun den Faden ein zweites Mal mit der Häkelnadel fassen und diesmal durch beide Schlingen auf der Häkelnadel ziehen.

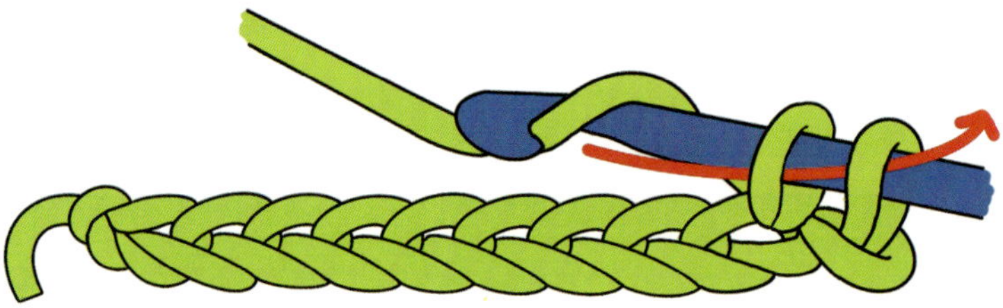

TaaDaa, deine erste **FESTE MASCHE** ist fertig!

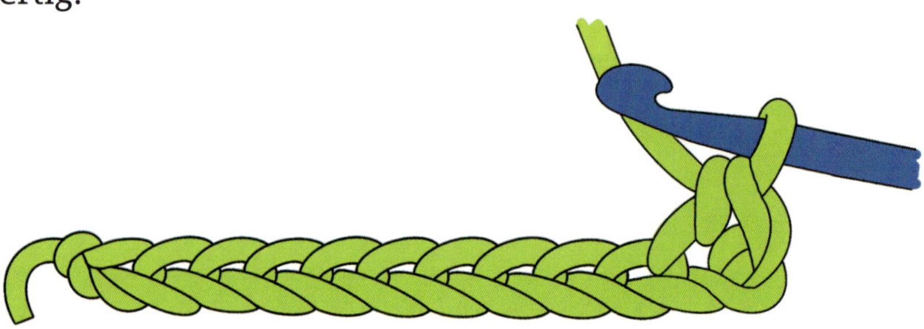

Nun die zweite feste Masche genauso häkeln: In die Luftmasche einstechen, Faden fassen und durchziehen, dann nochmal den Faden fassen und durch beide Schlingen ziehen.

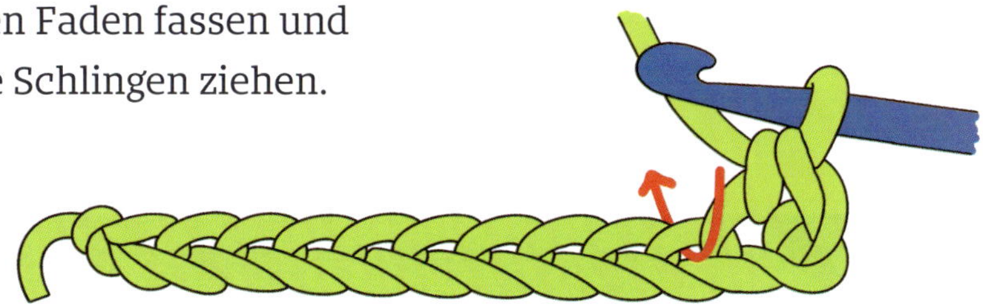

Auf diese Weise eine feste Masche nach der anderen häkeln, bis das Ende der Luftmaschenkette erreicht ist. Schaust du die OBERE KANTE an, sieht jede feste Masche von oben wie ein V aus. Bei einer Luftmaschenkette mit 11 Luftmaschen zählst du 10 Vs, du hast also 10 feste Maschen gehäkelt.

Ist die ERSTE REIHE fester Maschen fertig gehäkelt, WENDEST DU DIE ARBEIT und nimmst die ZWEITE REIHE in Angriff.

Zunächst 1 LUFTMASCHE arbeiten.

BITTE MERKEN!
Jedes Mal, wenn du die Arbeit wendest, beginnst du die neue Reihe mit 1 LUFTMASCHE, wenn du feste Maschen häkelst. Wenn du STÄBCHEN häkelst, beginnst du mit 2 LUFTMASCHEN (das erklären wir aber später).

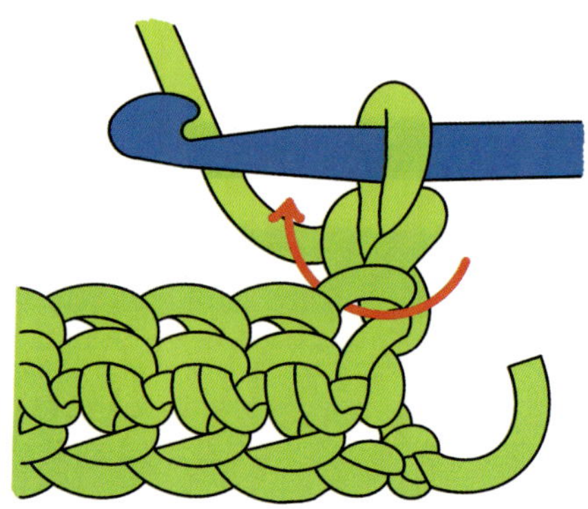

In die Masche der Vorreihe einstechen (dort, wo der Pfeil es anzeigt), und wie beschrieben eine FESTE MASCHE häkeln.

ACHTUNG, ACHTUNG!!!
Die Häkelnadel immer UNTER BEIDE SCHLINGEN der Masche der Vorreihe einstechen, also unter dem V durchstechen, das du von oben siehst.

Dann häkelst du in die nächste Masche der Vorreihe eine weitere feste Masche und fährst so bis zum Ende der Reihe fort.

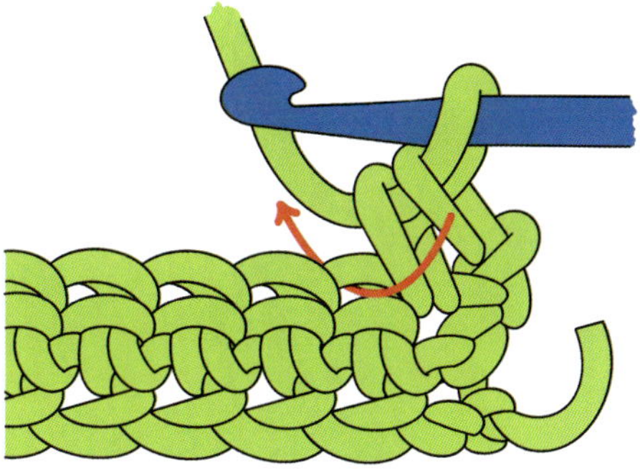

Herzlichen Glückwunsch, du hast es bis zum Ende der Reihe geschafft und einen zweiten Meilenstein erreicht:

Du kannst jetzt FESTE MASCHEN häkeln!

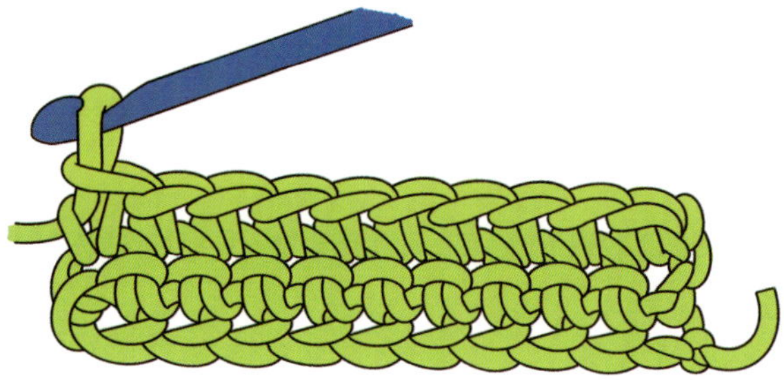

Zeit für eine weitere **Medaille!**

Arbeit beenden

Wenn du so eine Reihe nach der anderen gehäkelt hast, musst du jetzt natürlich noch lernen, wie du DIE ARBEIT BEENDEN kannst.

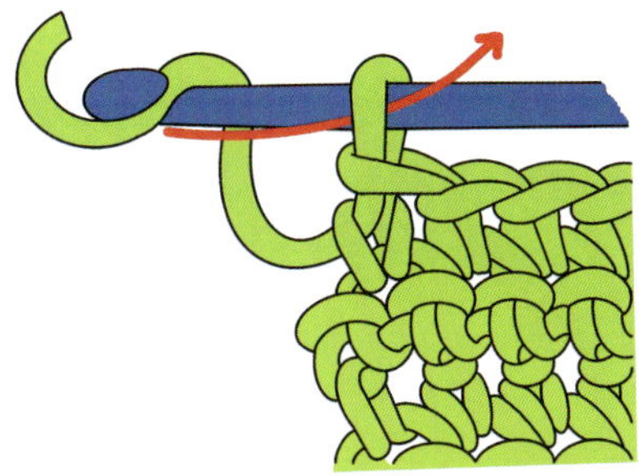

Ist die letzte Runde fertig, schneide den Faden ab. Aber nicht zu kurz, lass ein ziemlich langes Stück hängen. Dann den Faden fassen und durch die Schlaufe auf der Häkelnadel ziehen.

Zieh den Faden mit den Fingern fest, sodass sich die Schlaufe zuzieht, und leg die Häkelnadel zur Seite. Dann das Fadenende in eine Wollnadel (das ist eine Nadel mit runder Spitze) einfädeln und auf der Rückseite der Arbeit vernähen, also durch die Maschen ziehen, sodass sich der Faden nicht mehr lösen kann.

FERTIG!

Kettmaschen

So, jetzt wollen wir noch eine Sache erklären, damit du gleich schon etwas Schönes häkeln kannst! Also: Wir haben schon die **Anfangsschlinge**, **Luftmaschen** und feste **Maschen** besprochen. Jetzt lernst du noch **KETTMASCHEN** kennen, das sind die flachsten Maschen überhaupt und sie sind ganz leicht zu beschreiben, weil eine Kettmasche **DIE HÄLFTE EINER FESTEN MASCHE** ist.

Du beginnst wieder mit einer Anfangsschlinge und einer Luftmaschenkette mit 11 Maschen. Du stichst in die **ZWEITE LUFTMASCHE VOR DER HÄKELNADEL** ein.

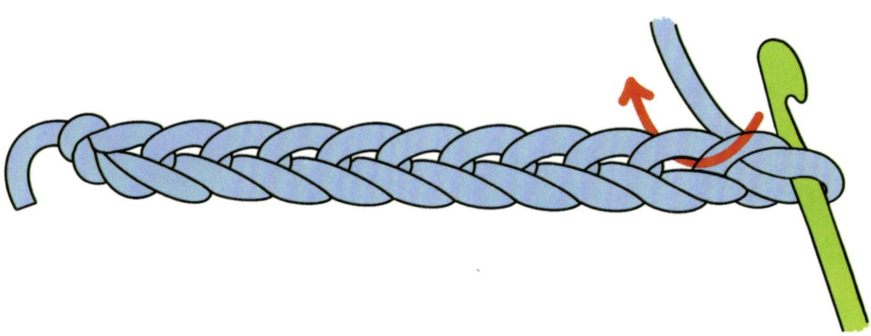

Den Faden mit der Häkelnadel fassen und durchholen, also direkt durch die Schlaufe auf der Häkelnadel ziehen, sodass nur noch eine Schlaufe auf der Nadel liegt.

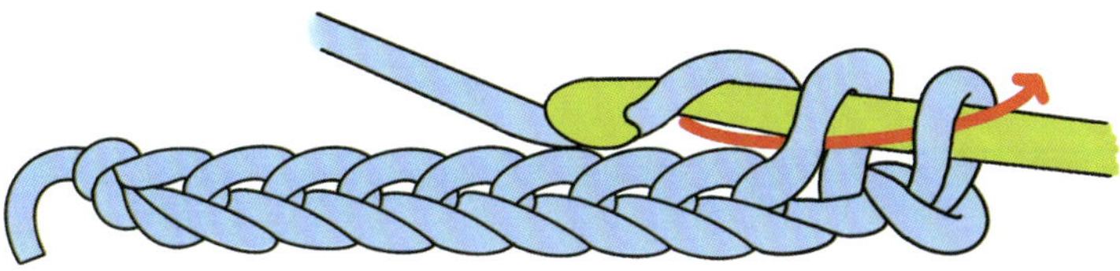

TaaDaa, schon ist die Kettmasche fertig!

Für die Kettmasche gibt es aber keine Medaille, das war viiiiiel zu einfach!

Wozu gibt es ANLEITUNGEN?

Jetzt kannst du schon LUFTMASCHENKETTEN, FESTE MASCHEN und KETTMASCHEN häkeln – eigentlich wird es Zeit, dein erstes Häkelprojekt in Angriff zu nehmen.

Um ein Projekt nachzuarbeiten, das in diesem Buch vorgestellt wird, musst du die ANLEITUNG lesen und verstehen.

Sie erklärt ganz genau, wie du häkeln musst. Sie enthält alle Informationen, die du brauchst:

- die GARNART, die zum Einsatz kommt.
- die HÄKELNADELSTÄRKE.
- die Beschreibung – REIHE FÜR REIHE (oder Runde für Runde).
- eine Liste aller ABKÜRZUNGEN, die für die Maschenarten benutzt werden.

Anleitungen enthalten manchmal Häkelschriften. Das sind Zeichnungen mit Symbolen, die verdeutlichen, wie gehäkelt wird. Sie sehen aus wie Geheimzeichen, aber sie sind gar nicht schwer zu lesen und werden überall auf der Welt verstanden – von Australien bis Peru!
Auf Seite 95 gibt es eine Liste mit den wichtigsten Symbolen und den Erklärungen dazu.

Halskette aus Luftmaschenketten

Anleitung mit Luftmaschenketten

Um das Häkeln von Luftmaschenketten zu üben, kannst du ein tolles Halsband machen! Besonders schön sieht es aus, wenn du ein bunt bedrucktes Baumwollgarn verwendest. Diese COLORGARNE gibt es in vielen Farbzusammenstellungen.
Du beginnst mit einer Anfangsschlinge, lass dabei ein paar Zentimeter Garn hängen, und häkle eine laaaange Luftmaschenkette – einen Meter ungefähr. Schneide den Faden nicht zu kurz ab und beende die Arbeit, indem du den Faden durch die letzte Schlaufe auf der Häkelnadel führst und fest anziehst.

Dann nähst du mit einer Wollnadel einen bunten Knopf an (entweder einen mit Öse wie im Foto, oder einen Knopf mit Löchern, die groß genug sind, um die Wollnadel durchzuziehen). Nun den Faden vernähen: Dafür fädelst du ihn mit der Wollnadel durch ein paar Luftmaschen und sicherst das Ende mit einem winzigen Tropfen Alleskleber.

Dann den Anfangsfaden in die Wollnadel fädeln, mit der Luftmaschenkette eine Schlaufe formen, die groß genug für den Knopf ist, festnähen und den Faden wieder vernähen. Das Halsband legst du mehrmals um den Hals und schließt es mit dem Knopf. Wer will, schmückt es zusätzlich mit Perlen und Anhängern.
Geheimtipp: Auch als Armband ums Handgelenk gewickelt sieht dein Halsband super aus!

Freundschafts-bändchen

Anleitung mit festen Maschen

Freundschaftsarmbänder sind schnell gehäkelt. Du kannst sie schlicht oder ganz bunt gestalten und an deine liebsten Freunde und Freundinnen verschenken – du wirst sehen, die freuen sich riesig über so ein einzigartiges Geschenk!
Was du brauchst? Nur buntes Garn und einen hübschen Knopf.

Du startest mit einer Anfangsschlinge, dabei den Faden etwas länger hängenlassen. Dann drei Luftmaschen häkeln.

1. Reihe: 1 feste Masche in die zweite Luftmasche von der Häkelnadel aus häkeln, dann eine zweite feste Masche in die nächste Luftmasche häkeln = 2 feste Maschen. Eine Wendeluftmasche häkeln und wenden.

2.-?? Reihe: 2 feste Maschen häkeln, Wendeluftmasche, wenden. Diese Reihe so oft wiederholen, bis dein Bändchen ums Handgelenk passt.

Letzte Reihe: 5 Luftmaschen häkeln und mit einer Kettmasche in die letzte Masche der Vorreihe anschlingen. Probier aus, ob dein Knopf durch diese Schlinge passt, wenn nicht, ein paar Luftmaschen mehr häkeln.

Arbeit beenden, dabei den Faden nicht zu kurz abschneiden.

Den Faden in eine Wollnadel fädeln und auf der Rückseite **vernähen**.

Mit dem Anfangsfaden auf der anderen Seite des Armbands **nähst** du den bunten Knopf an.

Freundschaftsarmbänder kannst du **aus jedem Garn** häkeln: Wolle, Baumwolle, Bast – sogar mit Scoubidou-Plastikschnüren! Du kannst sie an einem Regennachmittag zu Hause oder in den Ferien am Strand häkeln. Egal wann oder wo, es vertreibt dir kreativ die Langeweile und macht Spaß!

Einstechen mal anders!

Wir haben ja schon erklärt, dass eine Masche von oben angeschaut wie ein V aussieht, unter das du mit der Häkelnadel einstichst.
Das V besteht aus einem VORDEREN und einem HINTEREN Maschenglied.

Du kannst beim Häkeln auch mal NUR in das hintere oder NUR in das vordere Maschenglied einstechen. Kleiner Unterschied mit fantastischem Effekt – deine Häkelei sieht dadurch ganz anders aus. Funktioniert mit allen Maschenarten und wirkt SUPEREFFEKTVOLL!

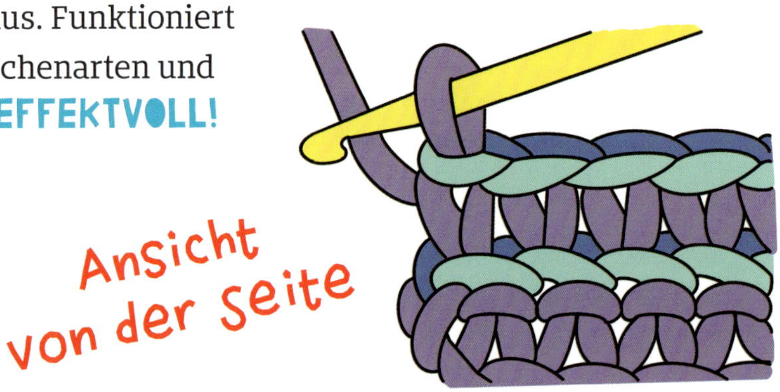

Maschen abnehmen

Um spannende Sachen zu häkeln, musst du jetzt noch herausfinden, wie ZUNAHMEN und ABNAHMEN gearbeitet werden.

ZUNAHMEN machen dein Häkelstück BREITER, die Maschenzahl wird erhöht. ABNAHMEN machen es SCHMALER, die Maschenzahl wird verringert. Bisher haben wir nur Muster gehäkelt, bei denen die Seitenkanten gerade verlaufen – sie waren entweder rechteckig oder quadratisch. Jetzt lernst du, wie du die Maschenzahl vergrößerst oder verkleinerst und dadurch unterschiedliche Formen erzeugst.

Zum Anfang häkeln wir ein Dreieck!

Du startest mit einer ANFANGSSCHLINGE und häkelst eine LUFTMASCHENKETTE mit 11 Luftmaschen sowie 2 Reihen FESTE MASCHEN. Wenn du die Arbeit wendest, machst du wie immer eine Wendeluftmasche, stichst die Nadel in die erste Masche der Vorreihe ein und holst den Faden durch.

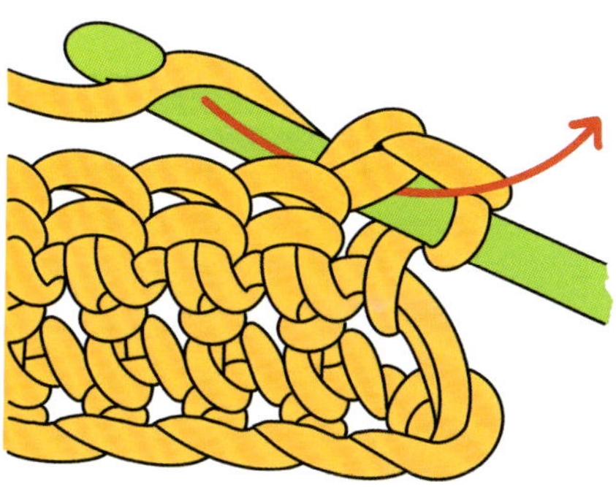

Jetzt liegen 2 SCHLINGEN auf der Häkelnadel.

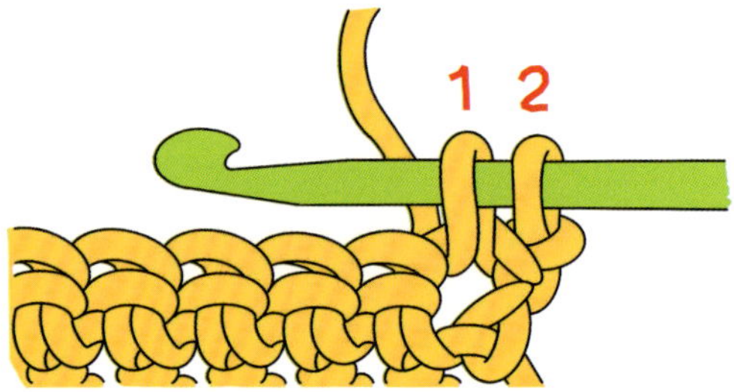

Stich mit der Häkelnadel in die nächste Masche ein und hol den Faden durch.

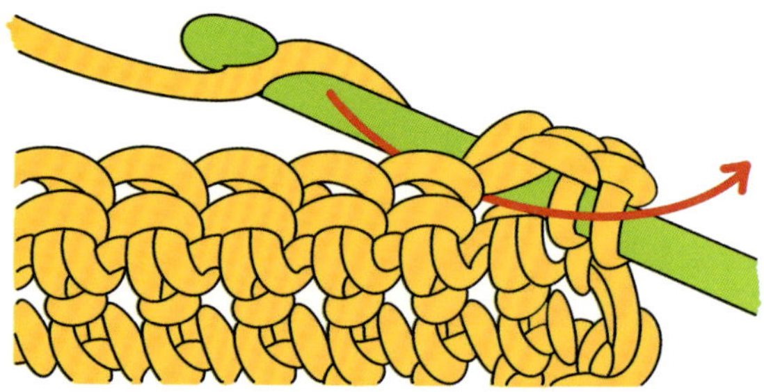

Jetzt liegen 3 SCHLINGEN auf der Häkelnadel.

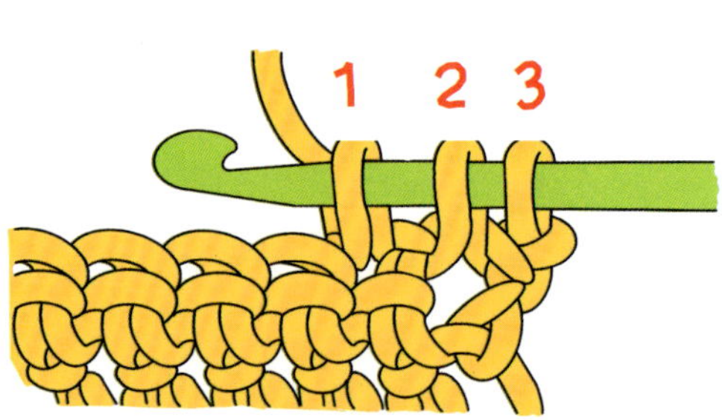

Den Faden wieder mit der Häkelnadel fassen und durch alle 3 Schlingen ziehen. Hurraaaaaa, du hast eine Masche abgenommen!

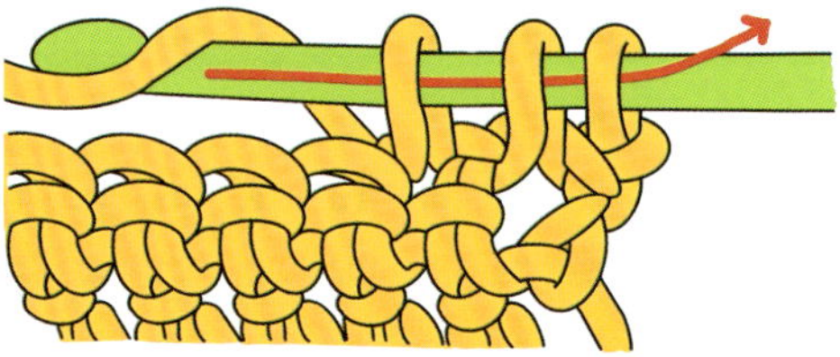

Dann 6 feste Maschen häkeln und nochmal eine Masche abnehmen, genauso wie am Anfang der Reihe.

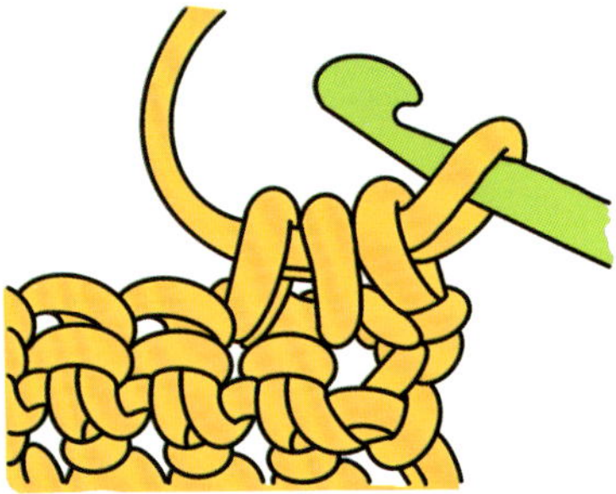

Wenn du jetzt zählst, sind es nur noch 8 Maschen, 2 Maschen weniger als zu Beginn. Die nächsten Reihen genauso häkeln und am Ende entsteht EIN DREIECK!

Dafür gibt's eine Medaille! Die hast du dir echt verdient, denn Abnahmen sind ganz schön knifflig – aber nur am Anfang!

Maschen zunehmen

Die einfachste Methode, EINE MASCHE ZUZUNEHMEN ist, ganz einfach 2 MASCHEN IN EINE EINSTICHSTELLE zu häkeln.

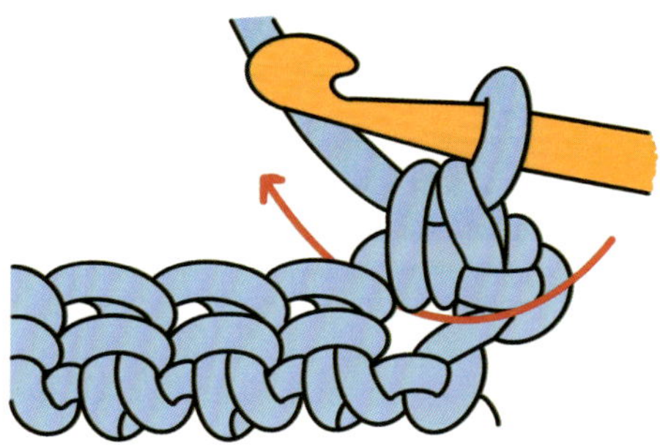

Du startest wieder mit einer ANFANGSSCHLINGE, häkelst eine LUFTMASCHENKETTE mit 11 Luftmaschen und häkelst 2 REIHEN FESTE MASCHEN. Die Arbeit wenden, eine Wendeluftmasche häkeln und eine feste Masche in die erste Masche der Vorreihe häkeln.

Dann eine weitere feste Masche IN DIESELBE MASCHE DER VORREIHE häkeln.

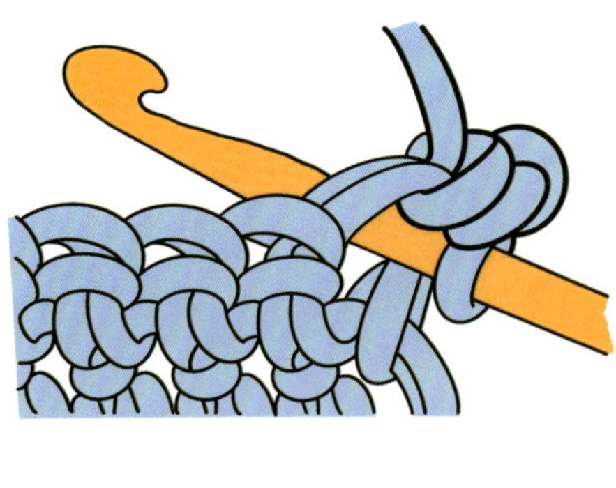

Das war's schon, du hast eine Masche zugenommen!

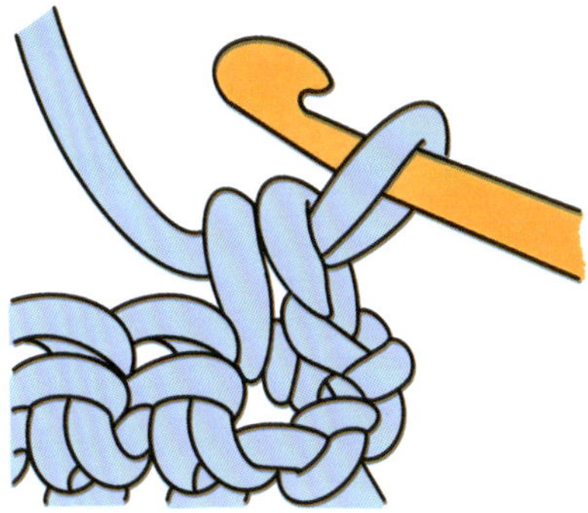

Dann häkelst du 8 feste Maschen und eine weitere Zunahme in DIE LETZTE Masche der Reihe.
Wenn du jetzt zählst, sind es insgesamt 12 MASCHEN in der Reihe, 2 MASCHEN MEHR als zu Beginn.
Die nächsten Reihen genauso häkeln – dein Häkelstück wird immer breiter und hat die FORM EINES TRAPEZES.
Häkle dir zwei solcher Formen, näh sie zusammen und stopf sie aus – fertig ist ein Nackenkissen fürs Nickerchen.

Du hast dein Ziel erreicht, aber eine Medaille gibt's dafür nicht – das war echt zu einfach!

Farbwechsel

Du magst es schön bunt?

Dann häkle mit vielen Farben! Du kannst breite oder schmale Streifen in verschiedenen Farben häkeln und später, wenn du Häkelprofi bist, auch andere, farbige Muster in deine Häkelarbeiten zaubern – ganz einfach, indem du die Garnfarbe wechselst.

Mach ein Probestück mit 10 festen Maschen und häkle ein paar Reihen in deiner ersten Farbe.
Am Reihenende häkelst du die letzte Masche und schneidest den Faden nicht zu kurz ab, so als wolltest du die Arbeit beenden. Der Endfaden sollte noch einige Zentimeter lang sein.

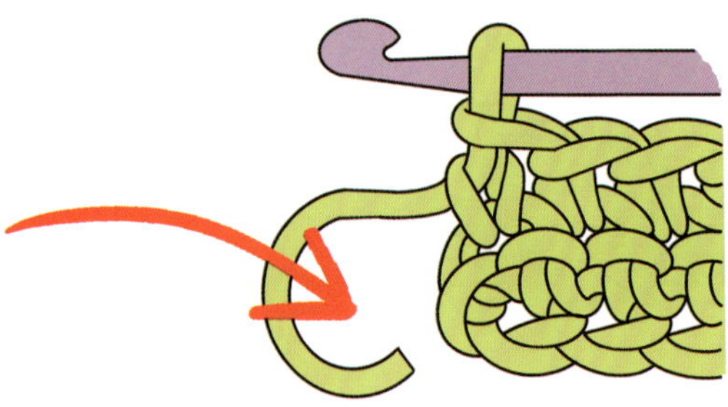

Nun nimmst du Garn in der neuen Farbe und fasst den Faden mit der Häkelnadel, lass auch dabei den Faden einige Zentimeter lang hängen.

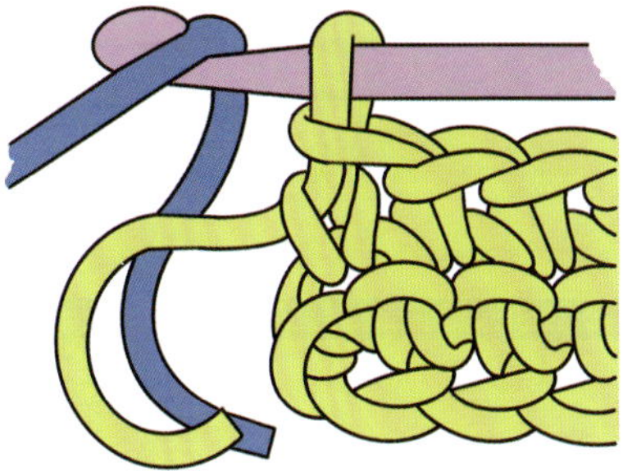

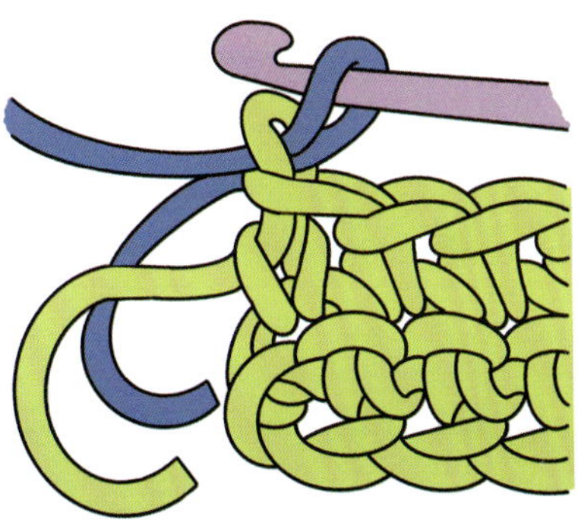

Zieh den Faden in der neuen Farbe mit der Häkelnadel durch die Schlaufe.

Am Fadenende der ersten Farbe ziehen, um die Masche festzuziehen.

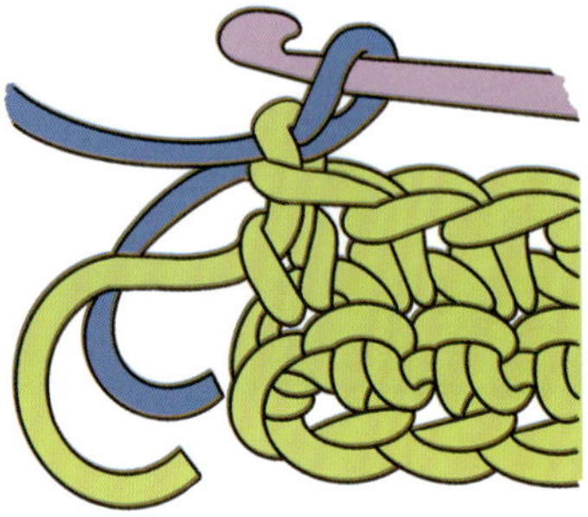

Die Arbeit wenden und mit der neuen Farbe weiterhäkeln.

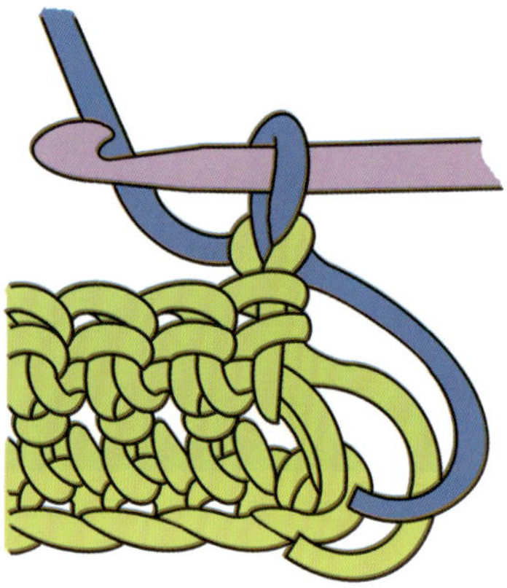

Die beiden **FADENENDEN VERNÄHEN**. Dafür einzeln in eine Wollnadel fädeln und jeweils auf der Rückseite der Arbeit in die Maschen einziehen.

FERTIG!

Farbwechsel in der Reihe

Wenn mitten in der Reihe der Faden zu Ende ist oder wenn du die FARBE IN DER REIHE ÄNDERN möchtest, die letzte feste Masche bereits mit dem Faden in der neuen Farbe abmaschen. Dafür den neuen Faden fassen und durch beide Schlingen in der ersten Farbe ziehen. Die folgende feste Masche in der neuen Farbe häkeln. Um das Fadenende zu sichern, leg es auf die Maschen und umhäkle diesen Faden mit den folgenden festen Maschen.

Wow!

Das war jetzt ganz schön schwierig, oder?

Dafür gibt es keine Medaille, dafür kriegst du einen POKAL!

Stäbchen

Jetzt wird es Zeit für einen ganz neuen Maschentyp: **STÄBCHEN!**

Mit Stäbchen kommst du sehr schnell voran, weil sie so hoch sind! **SO HOCH WIE ZWEI FESTE MASCHEN** übereinander, genaugenommen, und dazu sehen sie von vorn wie von hinten genau gleich aus.

Du startest wieder mit einer **ANFANGSSCHLINGE** und einer **LUFTMASCHENKETTE** aus 12 Luftmaschen.

Die letzten beiden Luftmaschen der Luftmaschenkette werden bei Stäbchen NICHT mitgezählt. Wenn du 5 Stäbchen häkeln möchtest, machst du 7 Luftmaschen. Für 10 Stäbchen machst du 12 Luftmaschen. Warum? Weil du das erste Stäbchen IMMER in die DRITTE LUFTMASCHE VOR DER HÄKELNADEL häkelst! Der rote Pfeil zeigt, wo du einstichst.

Leg den Faden einmal um die Häkelnadel (mache einen UMSCHLAG), stich in die DRITTE Luftmasche vor der Häkelnadel ein, fasse den Faden mit der Häkelnadel und zieh ihn durch die Masche.

Jetzt liegen 3 SCHLINGEN auf der Häkelnadel.

Den FADEN WIEDER mit der Häkelnadel FASSEN und nur durch die ERSTEN BEIDEN SCHLINGEN auf der Nadel ziehen. Der rote Pfeil zeigt, wie du den Faden durch die ersten zwei Schlingen ziehst.

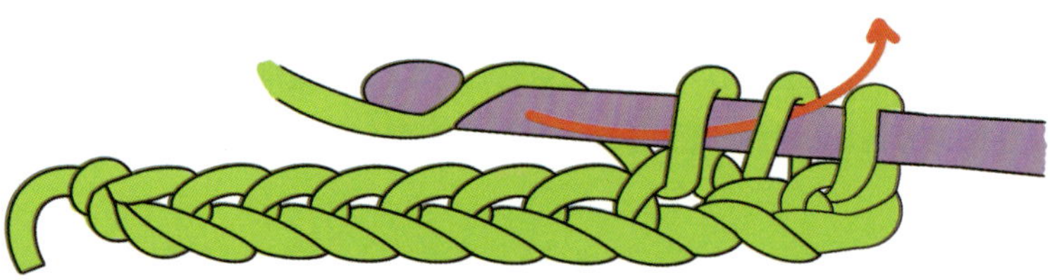

Jetzt liegen wieder **2 SCHLINGEN** auf der Häkelnadel.

Den Faden **WIEDER** mit der Häkelnadel fassen und ihn durch **BEIDE** Schlingen auf der Häkelnadel ziehen.

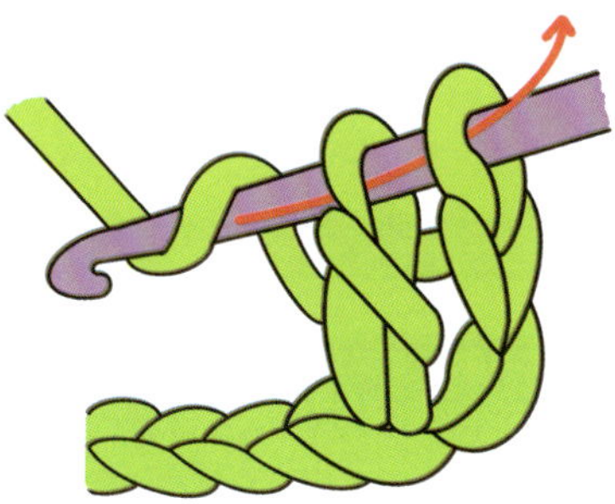

Bravo!
Herzlichen Glückwunsch, du hast **DEIN ERSTES STÄBCHEN** gehäkelt!!!

Häkle **9 weitere Stäbchen**, bis du zum Ende deiner Luftmaschenkette gelangst. Noch mal zur Erinnerung: **Die ersten beiden Luftmaschen** sind nur dazu da, das erste Stäbchen zu häkeln, sie werden **nicht mitgezählt**.

Ist die **ERSTE REIHE** Stäbchen geschafft, **WENDEST** du die Arbeit und beginnst mit der **ZWEITEN REIHE**.

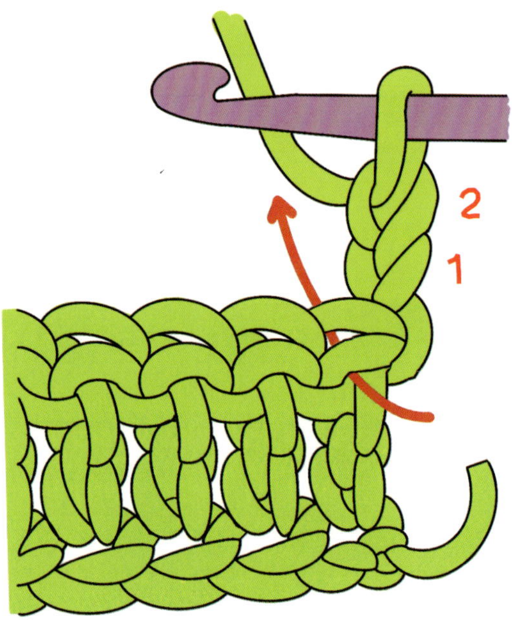

Dafür zunächst **2 WENDE-LUFTMASCHEN** häkeln (sie werden nicht mitgezählt und dienen nur zum Wenden der Arbeit). Das **ERSTE** Stäbchen in das **LETZTE** Stäbchen der Vorreihe häkeln.

Häkle **9 weitere Stäbchen** bis zum Ende der Reihe.

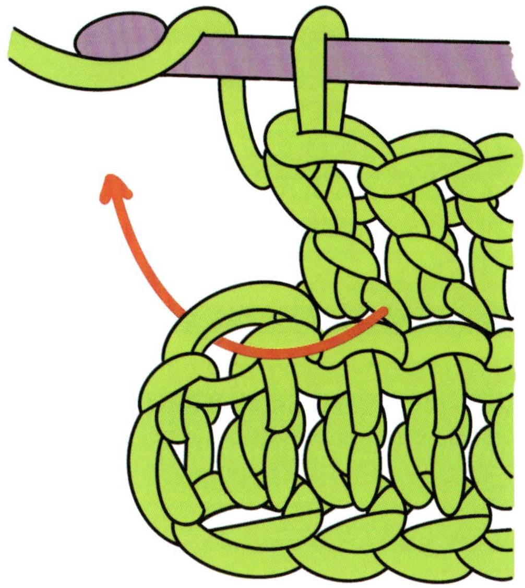

Das **LETZTE** Stäbchen **IN DAS ERSTE STÄBCHEN DER VORREIHE** häkeln, damit die Kanten schön gerade werden.

Nur Mut, auch wenn deine Stäbchen nicht gleich perfekt geformt sind und deine Reihen noch unregelmäßig oder löchrig aussehen. Mit etwas Übung wird es besser und irgendwann **flutscht es** wie von selbst. Achte nur darauf, dass die Maschenzahl immer gleich bleibt (es sei denn, du möchtest Maschen zu- oder abnehmen).

Und schon hast du dir die nächste **Medaille** verdient!

Zunahmen und Abnahmen mit Stäbchen

ZUNAHMEN mit Stäbchen sind supereinfach! Du musst nur 2 STÄBCHEN in DIESELBE EINSTICHSTELLE häkeln, genau wie bei den festen Maschen, bei denen du 2 feste Maschen in dieselbe Einstichstelle häkelst, um eine Masche zuzunehmen.

ABNAHMEN mit Stäbchen sind ein bisschen schwieriger. Zum Üben arbeitest du eine Luftmaschenkette mit 12 LUFTMASCHEN und häkelst 10 STÄBCHEN, dann zwei Wendeluftmaschen und 3 Stäbchen.

Das 3. Stäbchen nicht ganz beenden, sondern nur bis zu dem Moment arbeiten, wenn zwei Schlingen auf der Häkelnadel liegen. Nun einen UMSCHLAG auf die Nadel nehmen und in die nächste Masche der Vorreihe einstechen. Dann DEN FADEN FASSEN UND DURCHZIEHEN.

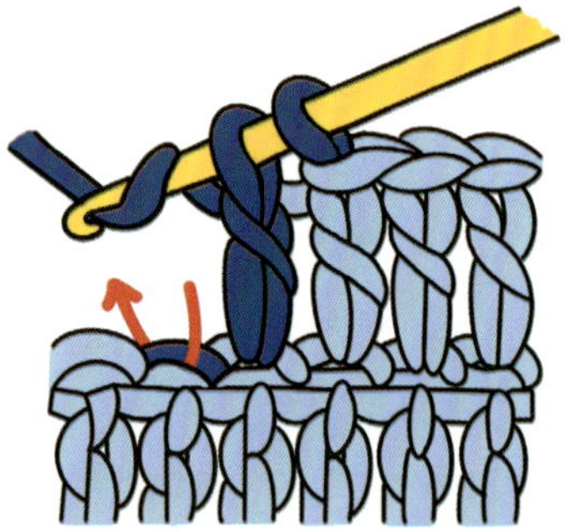

Es liegen nun 3 SCHLINGEN auf der Häkelnadel.

Den Faden fassen und durch alle 3 SCHLINGEN auf der Häkelnadel ziehen und so das Stäbchen beenden.

TAADAA!!! Du hast deine ERSTE ABNAHME mit Stäbchen gehäkelt!

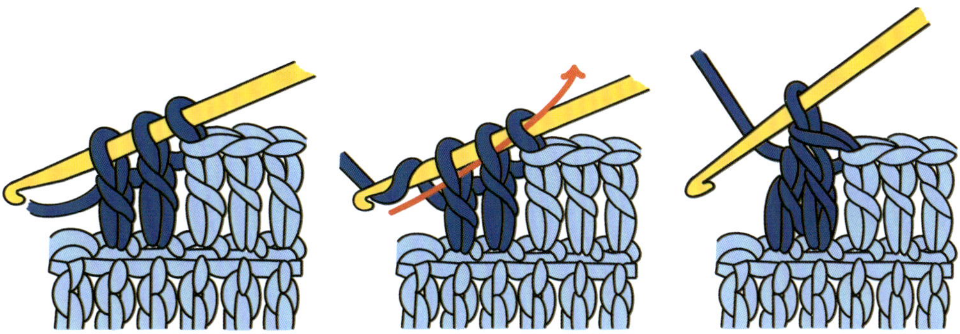

Bis zum Ende der Reihe weiter Stäbchen häkeln. Du hast jetzt INSGESAMT 9 Stäbchen in der Reihe, weil du EIN STÄBCHEN ABGENOMMEN hast. Zum Üben häkle die nächste Reihe ganz genauso.

Und dann: MEEEDAILLEEE!!!

Der Herr der Ringe –
immer im Kreis herum in Spiralrunden

Wenn du glaubst, es bringt nichts, sich im Kreis zu drehen, hast du noch nie gehäkelt! Bisher haben wir in HIN- UND RÜCKREIHEN gehäkelt: Eine Reihe beenden, die Arbeit wenden und eine neue Reihe beginnen. Du kannst aber auch im Kreis häkeln, immer RUND UND RUND UND RUND HERUM IN SPIRALRUNDEN. Dann entsteht ein wunderbar runder Kreis.

Wenn du SPIRALRUNDEN häkeln kannst, dann kannst du auch dreidimensionale Formen häkeln, wie man sie für AMIGURUMI* braucht! Aber dafür musst du dir erst die HÄKELKRONE verdienen!

* kleine Häkeltiere

Legen wir los!
Du startest mit einer ANFANGSSCHLINGE und einer Luftmaschenkette mit 2 LUFTMASCHEN.

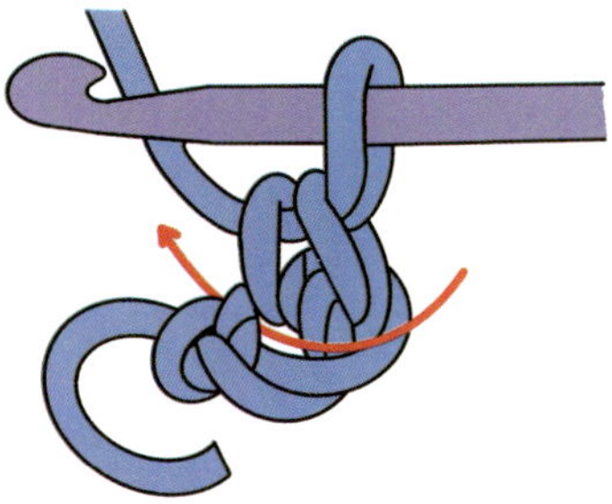

Eine feste Masche in die ZWEITE LUFTMASCHE vor der Häkelnadel häkeln.

In dieselbe Einstichstelle noch 5 FESTE MASCHEN häkeln. Dabei kannst du deine Anfangsschlinge ruhig überhäkeln, die festen Maschen dürfen davor und dahinter liegen.

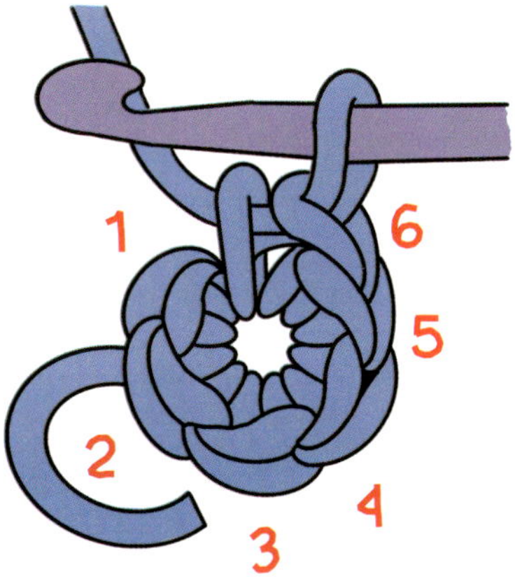

Du hast jetzt INSGESAMT 6 feste Maschen gehäkelt und damit deine ERSTE RUNDE FERTIGGESTELLT.

Wenn du **SPIRALRUNDEN** häkelst, ist es manchmal schwierig zu erkennen, **WIE VIELE RUNDEN** du schon gehäkelt hast. Um den **ÜBERBLICK** über deine **RUNDENZAHL** zu behalten, kannst du **MASCHENMARKIERER**, eine **BÜROKLAMMER** oder einen **ANDERSFARBIGEN FADEN** benutzen. Fädle deine Markierung in die erste Masche der Runde ein und verschiebe sie von Runde zu Runde eine Masche nach oben.

Wenn du **SPIRALRUNDEN** häkelst, nach der ersten Runde einfach die nächste feste Masche in die erste Masche der Vorrunde häkeln. Die Runden werden **GEGEN DEN UHRZEIGERSINN** gehäkelt, dabei zeigt die **RECHTE SEITE DER ARBEIT** zu dir.

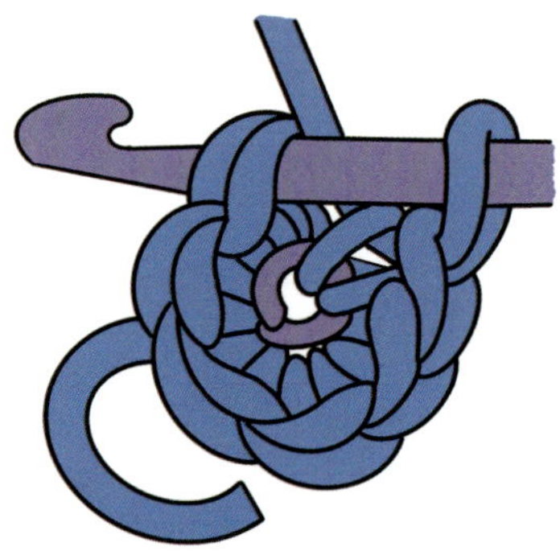

ast du in der ERSTEN RUNDE
feste Maschen gehäkelt und
eht in der Anleitung, dass du in
er zweiten Runde jede Masche
erdoppeln sollst (= in jede Masche
ZUNAHME häkeln), hast du am
nde der 2. Runde INSGESAMT
MASCHEN gehäkelt.
LSO: 6 Maschen + 6 Zunahmen
12 Maschen.

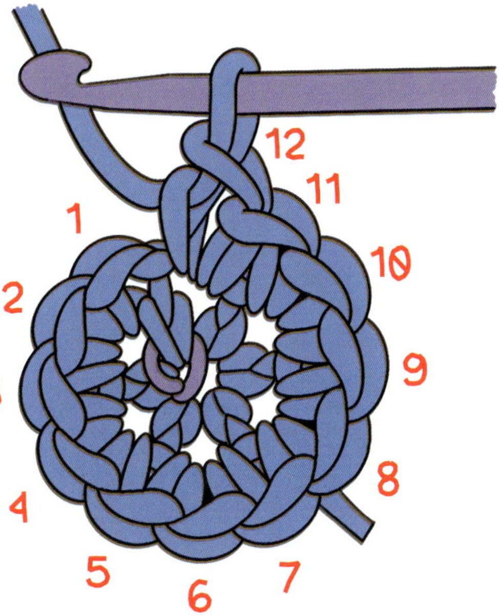

der DRITTEN RUNDE wird
ann im Wechsel EINE FESTE
ASCHE und EINE ZUNAHME
häkelt, am Ende hast du dann
SGESAMT 18 MASCHEN
häkelt.
LSO: 12 Maschen + 6 Zunahmen
18 Maschen.

n einen flachen,
nden Kreis zu häkeln,
usst du die ZUNAH-
EN IN EINER REGEL-
ÄSSIGEN ABFOLGE
keln.
hau dir dazu die
belle an:

Runden-zahl	Maschenzahl am Rundenende	Abfolge der Zunahmen
Runde 1	6	–
Runde 2	12	6 Zunahmen
Runde 3	18	1 feste Masche, 1 Zunahme
Runde 4	24	2 feste Maschen, 1 Zunahme
Runde 5	30	3 feste Maschen, 1 Zunahme
Runde 6	36	4 feste Maschen, 1 Zunahme

In der Anleitung wird normalerweise GENAU erklärt, wie viele Maschen und wie viele Abnahmen oder Zunahmen du häkeln musst. Meist steht in Klammern dabei, wie hoch die GESAMTZAHL DER MASCHEN in jeder Runde ist.

Das Häkeln in Spiralrunden ist einfach, die Arbeit wird NICHT GEWENDET.
Die Zunahmen, die du häkelst, damit ein flacher Kreis entsteht, der sich nicht wölbt, entspricht einer mathematischen Zahlenfolge. Dafür reicht DAS EINMALEINS!

Aber keine Sorge, wenn du da noch durcheinanderkommst. In den ANLEITUNGEN wird ganz GENAU beschrieben, wo du Zu- oder Abnahmen häkeln musst!

Die Runde schließen

Wenn dein KREIS den gewünschten Durchmesser hat, BEENDEST du die Arbeit. Keine Panik, das ist SUPEREINFACH!

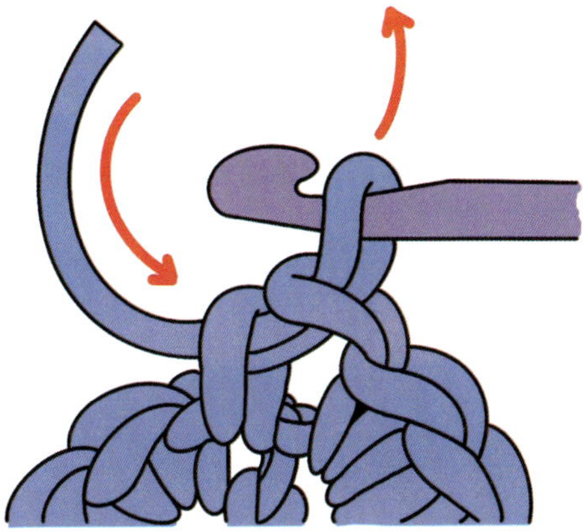

Du SCHNEIDEST den vom Knäuel kommenden Faden nicht zu kurz ab (einige Zentimeter hängen lassen!) und ZIEHST das Ende des Faden DURCH die Schlaufe auf der Häkelnadel.

Häkelnadel zur Seite legen und am Faden ziehen, damit sich die Schlaufe GUT FESTZIEHT! Juchhu!

Vergiss die Medaillen und Pokale, dafür gibt es eine wunderbare HÄKELKRONE für dich!

Bunte Kreise häkeln

Hast du dir schon mal überlegt, wie öde die WELT OHNE FARBEN wäre? Du bist VON FARBEN UMGEBEN: Das Blau des Himmels, das Grün der Wiesen, ein leckeres Eis (Schlumpf oder Pistazie!) oder dein liebstes Ringelshirt – die schönsten Dinge sind bunt! Wenn du einen einfarbigen Kreis häkelst, dann ist das sehr ORDENTLICHE Arbeit, aber ein bunter Kreis ist ein MEISTERWERK!

Lass uns einen Kreis häkeln, der in jeder Runde DIE FARBE WECHSELT, das ist einfacher, als du denkst!

Häkle die ersten beiden Runden eines Kreises, so wie du es auf den vorangehenden Seiten gelernt hast (also: 6 feste Maschen in die zweite Luftmasche vor der Häkelnadel, 6 Zunahmen in der folgenden Runde).

Die letzte feste Masche in der zweiten Runde NICHT ZU ENDE HÄKELN! Du stoppst, wenn noch 2 Schlingen auf der Häkelnadel liegen.

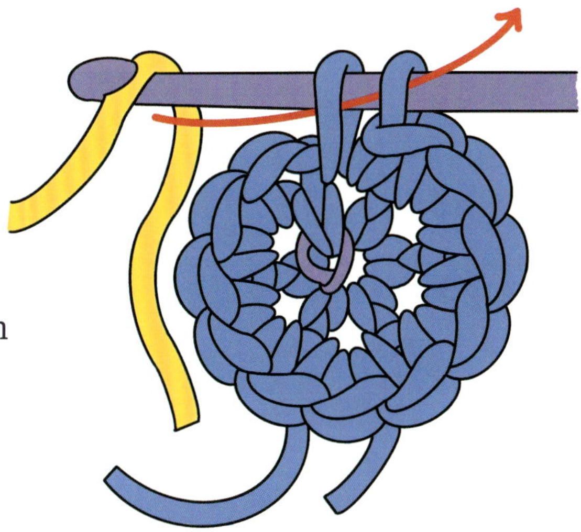

Den Faden nicht zu kurz abschneiden und den Faden in der NEUEN FARBE mit der Häkelnadel fassen.

Den Faden in der NEUEN FARBE durch die Schlingen auf der Häkelnadel ziehen, dabei den Anfangsfaden ein paar Zentimeter lang hängen lassen.

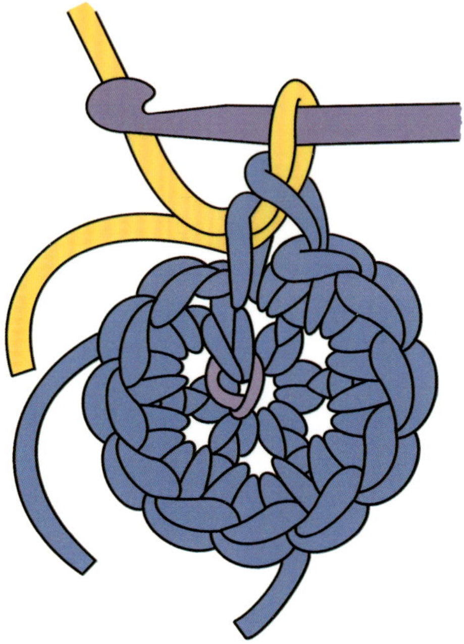

Die FOLGENDEN MASCHEN bis zum Ende der Runde in der neuen Farbe häkeln.

Lose Fäden sichern

Um den LOSEN ANFANGS- UND ENDFADEN der neuen und der alten Farbe zu sichern, leg sie auf die Maschen und UMHÄKEL sie mit den folgenden 3 ODER 4 FESTEN MASCHEN. So werden sie GESICHERT und können sich nicht mehr lösen.

Dann einfach mit der neuen Farbe weiterhäkeln.

Für VIELE, VIELE BUNTE STREIFEN kannst du diesen Vorgang so oft wiederholen, wie du willst.

Tipps für den Herrn der Ringe

• Denk immer daran, den MASCHENMARKIERER am Rundenanfang zu setzen, und ihn Runde für Runde nach oben zu verschieben. Sonst gibt's Kopfschmerzen, wenn du herausfinden willst, wo der Beginn der neuen Runde ist.

• Denk ans EINMALEINS! Wenn du einen flachen Kreis häkeln möchtest, musst du in jeder Runde nach dem Rechenschema Maschen zunehmen.

• Wenn du NICHT in jeder Runde zunimmst, sondern in jeder Runde die gleiche Maschenzahl häkelst, entsteht ein langer Schlauch. Wenn du dafür knallgelbe Wolle verwendest und ihn gut ausstopfst, dann hast du dein eigenes Laserschwert gehäkelt!

Aus Maschen werden Muster!

Jetzt hast du schon die GRUNDMASCHEN-Arten gelernt: LUFTMASCHEN, KETTMASCHEN, FESTE MASCHEN, STÄBCHEN. Wusstest du, dass du damit tolle Muster häkeln kannst? Wir schauen uns einige an, die deine Häkelarbeiten richtig schick machen!

Mausezähnchen

Ist das nicht ein süßer Name? Sie werden als LETZTE REIHE gehäkelt und erzeugen eine KANTE mit lauter kleinen ZACKEN entlang des Randes.

3 LUFTMASCHEN häkeln und mit der Häkelnadel in die ERSTE LUFTMASCHE der Kette einstechen.

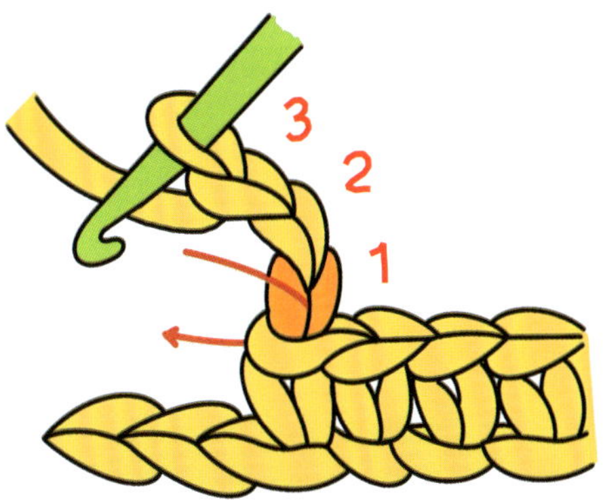

Den Faden durch die ERSTE LUFTMASCHE und die SCHLINGE auf der Häkelnadel ziehen.

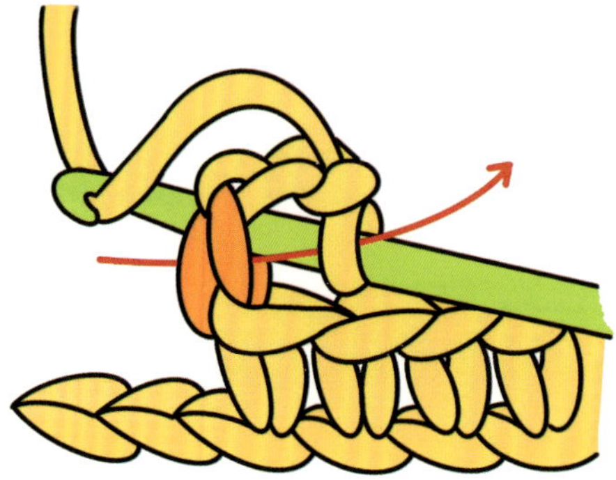

Dein ERSTES MAUSEZÄHNCHEN ist fertig!

Diesen Vorgang bis zum Ende der Reihe wiederholen.

Muschelmuster

Diese Maschenkombination erzeugt ein sehr hübsches Muster.
Dafür häkelst du 5 STÄBCHEN in eine Einstichstelle (hier eine Luftmasche).

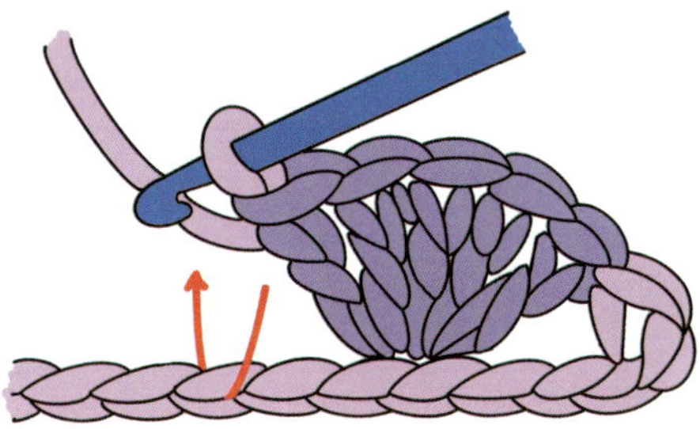

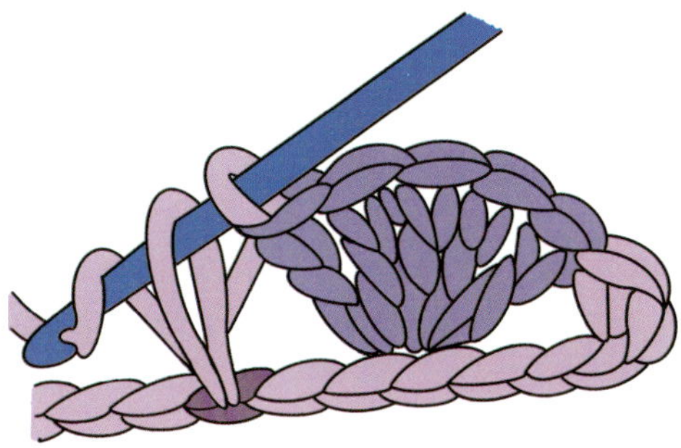

2 MASCHEN überspringen und 1 FESTE MASCHE in die folgende Masche häkeln.

Wieder 2 MASCHEN überspringen und 5 STÄBCHEN in eine Einstichstelle häkeln.
Diese Maschenfolge immer wieder häkeln!
Das war's schon!

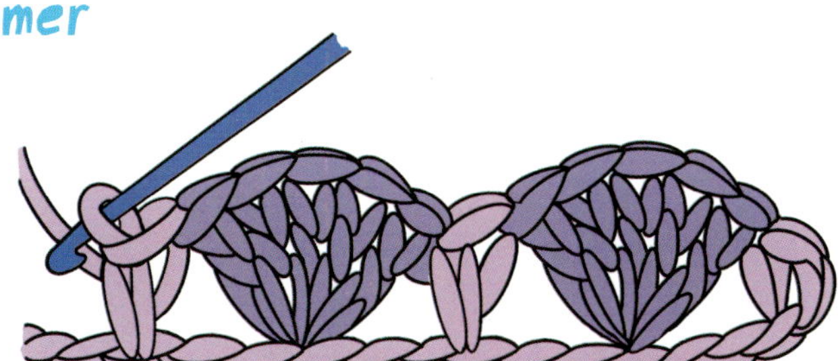

Jetzt geht's

Auf den nächsten Seiten findest du eine Vielzahl von fantastischen Projekten, die du jetzt schon häkeln kannst!
Aber vorher möchten wir dich noch an ein paar besonders wichtige Dinge erinnern.

Gut mitzählen!

Wenn du ein Projekt häkelst, das VIELE REIHEN ODER RUNDEN hat, kommst du vielleicht durcheinander und weißt nicht mehr, wie weit du schon bist. Daher zähle am Anfang, wie viele Reihen/Runden insgesamt gehäkelt werden und NOTIERE DIE ZAHLEN (von 1 bis …) auf einem Zettel. Nach jeder Reihe oder Runde HAKST du die entsprechende Zahl AB, dann weißt du IMMER, wie weit du bist und welche Reihe oder Runde als nächstes dran ist.

Kleines Geschenk an die Maschen

FESTE MASCHEN bekommen 1 WENDELUFTMASCHE, STÄBCHEN, 2 WENDELUFTMASCHEN. Dann läuft's beim Wenden der Arbeit!

Jede Masche am richtigen Ort

Hier geht es um die ERSTE MASCHE nach der Luft-

so richtig los!

maschenkette: für FESTE MASCHEN in die ZWEITE Luftmasche, für STÄBCHEN in die DRITTE Luftmasche vor der Häkelnadel einstechen.

Das geheimnisvolle M

In der Anleitung steht am Ende der Beschreibung einer Reihe oder Runde eine Zahl, gefolgt vom Buchstaben M, z. B. (12 M). M ist die Abkürzung für MASCHEN, und die Zahl gibt an, wie viele in dieser Reihe oder Runde gehäkelt werden.

Lesezeichen Seitenfresserchen

Anleitung mit Maschenabnahmen

Für dieses **Schaurig-schöne Lesezeichen** brauchst du farbiges Garn, ein Restchen Filz in Weiß und ein Wackelauge oder einen Knopf in passender Größe.
Je nachdem, **wie dick** dein Faden ist, wird das Lesezeichen **größer oder kleiner**.
Wenn du eine sehr dicke Wolle verwendest, mach ein paar Luftmaschen weniger als in der Anleitung beschrieben, ist deine Wolle sehr dünn, mach ein paar mehr. So oder so funktioniert dein Lesezeichen und wird unheimlich cool!

1. Reihe: Eine Luftmaschenkette mit 17 Maschen häkeln und ab der zweiten Luftmasche vor der Häkelnadel 16 feste Maschen häkeln. Am Ende der Reihe eine Wendeluftmasche häkeln und die Arbeit wenden (16 M).
2. Reihe: 1 Masche abnehmen, 12 feste Maschen, 1 Masche.

abnehmen, 1 Wendeluftmasche und die Arbeit wenden (14 M).
3. Reihe: 1 Abnahme, 10 Maschen, 1 Abnahme, 1 Wendeluftmasche, wenden (12 M).
4. Reihe: 1 Abnahme, 8 Maschen, 1 Abnahme, 1 Wendeluftmasche, wenden (10 M).
5. Reihe: 1 Abnahme, 6 Maschen, 1 Abnahme, 1 Wendeluftmasche, wenden (8 M).
6. Reihe: 1 Abnahme, 4 Maschen, 1 Abnahme, 1 Wendeluftmasche, wenden (6 M).
7. Reihe: 1 Abnahme, 2 Maschen, 1 Abnahme, 1 Wendeluftmasche, wenden (4 M).
8. Reihe: 2 Abnahme, 1 Wendeluftmasche, wenden (2 M).
9. Reihe: 1 Abnahme (1 M).

Arbeit beenden. Das Garnende nicht zu kurz abschneiden, in die Wollnadel fädeln und den Faden auf der Rückseite der Arbeit vernähen.

Ein zweites Dreieck genauso häkeln, diesmal den Faden am Anfang sehr lang lassen und damit die beiden Dreiecke an den Schrägseiten zusammennähen. Die lange Seite unten bleibt offen.

Aus einem Stück weißen Filz die **Zähne ausschneiden**. Im

Zickzack wie im Foto, du kannst sie aber auch eckig machen oder nur einen oder zwei Zähne in die Mitte oder Vampirzähne in die Ecken setzen.

Ein **Wackelauge** oder einen **Knopf** in die **Mitte des Dreiecks kleben** und die Filzzähne von innen gegen die Vorderseite des Dreiecks kleben.

Das brauchst du:

farbiges Garn
weißen Filz
Wackelauge (oder Knopf)
Alleskleber
Wollnadel

Ein Fischchen aus dem Mittelmeer

Anleitung mit Maschenabnahmen

Hier taucht ein geheimnisvolles **Tiefseefischchen** auf!
Um es an Land zu ziehen, brauchst du Garn in zwei Farben, ein wenig Füllwatte (wie sie z. B. auch in Kissen steckt) und zwei Wackelaugen in passender Größe.

Los geht es mit dem **KÖRPER**. Dafür häkelst du **2 identische Dreiecke** und nähst sie aufeinander.
So häkelst du das **erste Dreieck**:

1. Reihe: Eine Luftmaschenkette mit 17 Maschen häkeln und ab der zweiten Luftmasche vor der Häkelnadel 16 feste Maschen häkeln. Am Ende der Reihe eine Wendeluftmasche häkeln und die Arbeit wenden (16 M).
2. Reihe: 1 Masche abnehmen, 12 feste Maschen, 1 Masche abnehmen, 1 Wendeluftmasche und die Arbeit wenden (14 M).
3. Reihe: In jede Masche 1 feste Masche häkeln, 1 Wendeluftmasche und die Arbeit wenden (14 M).
4. Reihe: 1 Abnahme, 10 Maschen, 1 Abnahme, 1 Wendeluftmasche, wenden (12 M).
5. Reihe: In jede Masche 1 feste Masche häkeln, 1 Wendeluftmasche und die Arbeit wenden (12 M).
6. Reihe: 1 Abnahme, 8 Maschen, 1 Abnahme, 1 Wendeluftmasche, wenden (10 M).
7. Reihe: In jede Masche 1 feste Masche häkeln, 1 Wendeluftmasche und die Arbeit wenden (10 M).

8. Reihe: 1 Abnahme, 6 Maschen, 1 Abnahme, 1 Wendeluftmasche, wenden (8 M).
9. Reihe: In jede Masche 1 feste Masche häkeln, 1 Wendeluftmasche und die Arbeit wenden (8 M).
10. Reihe: 1 Abnahme, 4 Maschen, 1 Abnahme, 1 Wendeluftmasche, wenden (6 M).
11. Reihe: In jede Masche 1 feste Masche häkeln, 1 Wendeluftmasche und die Arbeit wenden (6 M).
12. Reihe: 1 Abnahme, 2 Maschen, 1 Abnahme, 1 Wendeluftmasche, wenden (4 M).
13. Reihe: In jede Masche 1 feste Masche häkeln, 1 Wendeluftmasche und die Arbeit wenden (4 M).
14. Reihe: 2 Abnahmen, 1 Wendeluftmasche, wenden (2 M).
15. Reihe: In jede Masche 1 feste Masche häkeln, 1 Wendeluftmasche und die Arbeit wenden (2 M).

Das brauchst du:

Garn in 2 Farben
Füllwatte
2 Wackelaugen
Klebstoff
Wollnadel

Arbeit beenden. Den Faden nicht zu kurz abschneiden, in die Wollnadel fädeln und den Faden auf der Rückseite der Arbeit vernähen.

Ein zweites Dreieck genauso häkeln, diesmal den Faden am Anfang sehr lang lassen, du brauchst ihn, um die beiden Dreiecke zusammenzunähen.

Nähe die beiden Dreiecke aufeinander, beginnend an einer Ecke. Bevor du die Naht ganz schließt, den Fischkörper mit Füllwatte ausstopfen. Aber nicht übertreiben, sonst wird's ein **KUGELFISCH**. Ist der Körper ausgestopft, die restliche Naht schließen. Dann mit dem Faden an den unteren Ecken hin und her nähen, um sie ein wenig nach unten zu biegen und zu fixieren. Jetzt ist der **Körper fertig!**

Weiter geht's mit den **SCHWANZFLOSSEN**: Den Anfangsfaden lang hängen lassen, eine Luftmaschenkette mit 17 Maschen häkeln und ab der zweiten Luftmasche vor der Häkelnadel in jede Luftmasche 3 feste Maschen häkeln. In die **LETZTE LUFTMASCHE** nur eine feste Masche häkeln. Wie **von Zauberhand** ringelt sich der Schwanz von selber ein!

Die Arbeit beenden und den Faden nicht zu kurz abschneiden. Anfangs- und Endfaden in die Wollnadel fädeln und die erste Schwanzhälfte in der Mitte des Körpers annähen. Die zweite Schwanzhälfte genauso häkeln und neben die erste nähen.

Unser Fisch hat zwei gleichfarbige Schwanzflossen, aber du kannst dein **Fischchen aus dem Mittelmeer** so bunt und fantasievoll gestalten, wie du möchtest! Zum Schluss klebe je ein **Wackelauge** vorne an den Körper auf beide Seiten des Fisches.

Hexe Pimpinella

Anleitung mit Farbwechsel

Jetzt häkeln wir eine ganz besondere kleine Hexe mit bunt geringeltem Hemd!
Du brauchst Garn in verschiedenen Farben, ein wenig Füllwatte und einen Rest schwarzen Filz, aus dem du die Augen ausschneidest (ruhig unterschiedlich groß, das sieht witzig aus!).
Los geht's mit dem KÖRPER.
Dafür häkeln wir 1 Rechteck, das wir zur Hälfte falten und zusammennähen. In der Anleitung ist die Reihenangabe immer in der Farbe geschrieben, die gehäkelt wird, wenn du die Streifen wie bei unserer Hexe häkelst.

1. Reihe: Eine Luftmaschenkette mit 16 Maschen häkeln und ab der zweiten Luftmasche vor der Häkelnadel 15 feste Maschen häkeln. Am Ende der Reihe 1 Wendeluftmasche häkeln und die Arbeit wenden (15 M).

2. Reihe: 1 feste Masche in jede Masche der Vorreihe häkeln (15 M).
Farbwechsel, wie auf Seite 36 beschrieben: Die letzte feste Masche am Reihenende häkeln, Faden nicht zu kurz abschneiden, damit du ihn vernähen kannst. Dann die Wendeluftmasche in der neuen Farbe häkeln und die Arbeit wenden. (15 M).
3. Reihe: 1 feste Masche in jede Masche der Vorreihe häkeln, 1 Wendeluftmasche und wenden (15 M).
4. Reihe: 1 feste Masche in jede Masche der Vorreihe häkeln, die Wendeluftmasche bereits in der neuen Farbe häkeln und wenden (15 M).

5. Reihe: 1 feste Masche in jede Masche der Vorreihe häkeln, 1 Wendeluftmasche und wenden (15 M).
6. Reihe: 1 feste Masche in jede Masche der Vorreihe häkeln, die Wendeluftmasche bereits in der neuen Farbe häkeln und wenden (15 M).
7. Reihe: 1 feste Masche in jede Masche der Vorreihe häkeln, 1 Wendeluftmasche und wenden (15 M).
8. Reihe: 1 feste Masche in jede Masche der Vorreihe häkeln, die Wendeluftmasche bereits in der neuen Farbe häkeln und wenden (15 M).
9. Reihe: 1 feste Masche in jede Masche der Vorreihe häkeln, 1 Wendeluftmasche und wenden (15 M).
10. Reihe: 1 feste Masche in jede Masche der Vorreihe häkeln, die Wendeluftmasche bereits in der neuen Farbe häkeln und wenden (15 M).
11. Reihe: 1 feste Masche in jede Masche der Vorreihe häkeln, 1 Wendeluftmasche und wenden (15 M).
12. Reihe: 1 feste Masche in jede Masche der Vorreihe häkeln, die Wendeluftmasche bereits in der neuen Farbe häkeln und wenden (15 M).

Das brauchst du:

Garn in 7 Farben
Füllwatte
schwarzen Filz
Klebstoff
Wollnadel
Puder-Rouge in Rosarot

13. Reihe: 1 feste Masche in jede Masche der Vorreihe häkeln, 1 Wendeluftmasche und wenden (15 M).
14. Reihe: 1 feste Masche in jede Masche der Vorreihe häkeln, die Wendeluftmasche bereits in der neuen Farbe häkeln und wenden (15 M).
15. Reihe: 1 feste Masche in jede Masche der Vorreihe häkeln, 1 Wendeluftmasche und wenden (15 M).
16. Reihe: 1 feste Masche in jede Masche der Vorreihe häkeln, die Wendeluftmasche bereits in der neuen Farbe häkeln und wenden (15 M).

Kleine Hexe Pimpinella
fliegt mit dem Besen immer schneller
und zaubert lustige Sachen,
die dir Freude machen
Hokuspokus Krötendreck,
schlechte Laune ist jetzt weg!

17.-39. Reihe: 1 feste Masche in jede Masche der Vorreihe häkeln, 1 Wendeluftmasche und wenden (15 M).

40. Reihe: 1 feste Masche in jede Masche der Vorreihe häkeln, die Wendeluftmasche bereits in der neuen Farbe häkeln und wenden (15 M).

41.-55. Reihe: 1 feste Masche in jede Masche der Vorreihe häkeln, 1 Wendeluftmasche und wenden (15 M).

56. Reihe: 1 feste Masche in jede Masche der Vorreihe häkeln.

Arbeit beenden. Den Faden nicht zu kurz abschneiden, damit du damit das Rechteck zusammennähen kannst. (15 M).

Vor dem Zusammennähen und Ausstopfen müssen **ALLE FÄDEN** in den verschiedenen Farben vernäht werden. Jeweils in die Wollnadel einfädeln und durch die Maschen auf der Rückseite ziehen. Das Rechteck **zur Hälfte falten** (die Rückseite mit den vernähten Fäden liegt außen) und **mit dem Zusammennähen beginnen**.

Zunächst nur bis zum Ende des gestreiften Teils zusammennähen. Dann mit dem rosa Faden bis zum Ende des rosafarbenen Teils (dem Gesicht) zusammennähen. So wird die Naht unauffälliger.

Die gegenüberliegende Seite genauso zusammennähen, aber noch nicht die untere Naht, wo später die Beine sitzen. Denn erstmal musst du jetzt das ganze Teil wenden (also von innen nach außen umstülpen), damit die rechte Seite außen liegt.

Und vor dem Füllen müssen wir auch noch die Haare einziehen. Dafür 18 Fäden, je 10 Zentimeter lang, zuschneiden. Jeweils 3 Fäden an einem Ende zusammenknoten. Die 3 Fäden eines Bündels in die Wollnadel fädeln und jeweils an den Ecken von innen nach außen oben am Kopf durchziehen, der Knoten liegt innen. Wir haben je 3 Bündel in jede Ecke gesetzt, du kannst die Frisur aber gestalten wie du möchtest: Mit ganz vielen Haarbündeln, mit geflochtenen Zöpfen, als Pferdeschwanz oder mit einer kleinen Schleife im Haar.

Dann den Körper mit Füllwatte ausstopfen – so dick oder dünn, wie es dir gefällt! Ist der Körper gut gefüllt, die untere Naht schließen.
Bravo, der Körper ist fertig!

Arme

Du häkelst beide Arme nach der gleichen Anleitung
1. Reihe: Den Anfangsfaden lang hängen lassen und eine Luftmaschenkette mit 13 Maschen häkeln und ab der zweiten Luftmasche vor der Häkelnadel 12 feste Maschen häkeln. Am

Ende der Reihe 1 Wendeluftmasche häkeln und die Arbeit wenden (12 M).

2. + 3. Reihe: 1 feste Masche in jede Masche der Vorreihe häkeln, 1 Wendeluftmasche und die Arbeit wenden (12 M).

4. Reihe: 1 feste Masche in jede Masche der Vorreihe häkeln, bis zum Ende der Reihe häkeln und die Arbeit beenden (12 M).

Das lange, schmale Rechteck **der Länge nach zur Mitte falten** und zusammennähen, sodass ein kleines Röhrchen entsteht. Den Faden nicht abschneiden, sondern damit den Arm seitlich an den Körper nähen.
Den zweiten Arm genauso häkeln.

Beine

1. Reihe: Den Anfangsfaden lang hängen lassen und eine Luftmaschenkette mit 9 Maschen häkeln und ab der zweiten Luftmasche vor der Häkelnadel 8 feste Maschen häkeln. Am Ende der Reihe 1 Wendeluftmasche häkeln und die Arbeit wenden (8 M).

2.–5. Reihe: 1 feste Masche in jede Masche der Vorreihe häkeln, 1 Wendeluftmasche und die Arbeit wenden (8 M).

6. Reihe: 1 feste Masche in jede Masche der Vorreihe häkeln, bis zum Ende der Reihe häkeln und die Arbeit beenden (8 M).

Das lange, schmale Rechteck **der Länge nach zur Mitte falten** und zusammennähen, sodass wieder ein kleines Röhrchen entsteht. Den Faden nicht abschneiden, sondern damit das Bein unten an den Körper nähen.
Das zweite Bein genauso häkeln.

Für die **AUGEN** schneidest du zwei Kreise aus einem Stück schwarzem Filz aus und klebst sie an der gewünschten Stelle ins Gesicht. Mit schwarzem Garn für die Wimpern zwei lange Stiche neben den Augen machen (siehe Foto).

Wir haben den Wangen der Hexe mit **ein wenig Rouge** Farbe gegeben. Vorsichtig auftragen, damit es nicht zu doll wird. Probier es vorher auf einem Papiertuch aus, damit du es schön hinkriegst.

Hexenwerk beendet! Jetzt kann sich Pimpinella auf ihren Besen schwingen und die ganze Welt verhexen!

Pirat Gambalunga

Anleitung mit Farbwechsel

Weiter geht´s mit dem verwegenen Piraten Gambalunga. Wie bei der Hexe häkeln wir zunächst den **KÖRPER** als **Rechteck**, das gefaltet und zusammengenäht wird.

In der Anleitung ist die Reihenangabe immer **in der Farbe** geschrieben, die gehäkelt wird.

1. Reihe: Eine Luftmaschenkette mit 16 Maschen häkeln und ab der zweiten Luftmasche vor der Häkelnadel 15 feste Maschen häkeln. Am Ende der Reihe 1 Wendeluftmasche häkeln und die Arbeit wenden (15 M).
2.–7. Reihe: 1 feste Masche in jede Masche der Vorreihe häkeln, 1 Wendeluftmasche und wenden (15 M).
8. Reihe: 1 feste Masche in jede Masche der Vorreihe häkeln, am Ende der Reihe die Farbe wechseln, 1 Wendeluftmasche in der neuen Farbe und wenden (15 M).

9. Reihe: 1 feste Masche in jede Masche der Vorreihe häkeln, 1 Wendeluftmasche und wenden (15 M).

10. Reihe: 1 feste Masche in jede Masche der Vorreihe häkeln, am Ende der Reihe die Farbe wechseln (Weiß), 1 Wendeluftmasche in der neuen Farbe und wenden (15 M).
11. Reihe: In Weiß 1 feste Masche in jede Masche der Vorreihe häkeln, 1 Wendeluftmasche und wenden (15 M).
12. Reihe: 1 feste Masche in jede Masche der Vorreihe häkeln, am Ende der Reihe die Farbe wechseln, 1 Wendeluftmasche in der neuen Farbe und wenden (15 M).
13. Reihe: 1 feste Masche in jede Masche der Vorreihe häkeln, 1 Wendeluftmasche und wenden (15 M).
14. Reihe: 1 feste Masche in jede Masche der Vorreihe häkeln, am Ende der Reihe die Farbe wechseln (Weiß), 1 Wendeluftmasche in der neuen Farbe und wenden (15 M).
15. Reihe: In Weiß 1 feste Masche in jede Masche der Vorreihe häkeln, 1 Wendeluftmasche und wenden (15 M).

Vier kühne Piraten vom Mittelmeer
stiegen aufs Schiff und freuten sich sehr
denn sie segelten zu ihrem Schatz
und wurden sehr reich, ratz, fatz

16. Reihe: 1 feste Masche in jede Masche der Vorreihe häkeln, am Ende der Reihe die Farbe wechseln, Wendeluftmasche in der neuen Farbe und wenden (15 M).

17.–39. Reihe: 1 feste Masche in jede Masche der Vorreihe häkeln, 1 Wendeluftmasche und wenden (15 M).

40. Reihe: 1 feste Masche in jede Masche der Vorreihe häkeln, am Ende der Reihe die Farbe wechseln, 1 Wendeluftmasche in der neuen Farbe und wenden (15 M).

41.–47. Reihe: 1 feste Masche in jede Masche der Vorreihe häkeln, 1 Wendeluftmasche und wenden (15 M).

48. Reihe: 1 feste Masche in jede Masche der Vorreihe häkeln, am Ende der Reihe die Farbe wechseln, 1 Wendeluftmasche in der neuen Farbe und wenden (15 M).

49.–55. Reihe: 1 feste Masche in jede Masche der Vorreihe häkeln, 1 Wendeluftmasche und wenden (15 M).

56. Reihe: 1 feste Masche in jede Masche der Vorreihe häkeln. **Arbeit beenden**, den Faden nicht zu kurz abschneiden (15 M).
Zuerst **ALLE FÄDEN** vernähen. Jeweils in die Wollnadel einfädeln und durch die Maschen auf der Rückseite ziehen.
Vor dem Zusammennähen machen wir die **HAARE**. Dafür werden Büschel von je **3 Fäden oben am Kopf** zwischen der 28. und 29. Reihe (das entspricht der 12. und 13. Reihe in Rosa) einziehen. 39 Fäden je 10 Zentimeter lang zuschneiden. Jeweils 3 Fäden zusammenknoten. Die 3 Fäden eines Bündels in die Wollnadel fädeln und ein Bündel nach dem anderen von der Rückseite zur Vorderseite nebeneinander durch die Maschen ziehen.

Das Rechteck zur Hälfte falten (die Rückseite liegt außen, das Haar innen) und mit dem Zusammennähen beginnen.
Zunächst nur bis zum Ende des gestreiften Teils zusammennähen. Dann mit dem rosa Faden bis zum Ende des rosafarbenen Teils (Gesicht) zusammennähen. So wird die Naht unauffälliger. Die gegenüberliegende Seite genauso zusammennähen, aber noch nicht die untere Naht, wo später die Beine sitzen. Denn erstmal musst du jetzt das ganze Teil wenden (also von innen nach außen umstülpen), damit die rechte Seite und die Haare außen liegen.
Dann den Körper mit Füllwatte ausstopfen – nicht zu dick und nicht zu dünn. Ist der Körper gut gefüllt, die untere Naht schließen.

Arme

Du häkelst beide Arme nach der gleichen Anleitung.
1. Reihe: Den Anfangsfaden lang hängen lassen, eine Luftmaschenkette mit 13 Maschen häkeln und ab der zweiten Luftmasche vor der Häkelnadel 12 feste Maschen häkeln. Am Ende der Reihe 1 Wendeluftmasche häkeln und die Arbeit wenden (12 M).

Das brauchst du:

Garn in 5 Farben
Füllwatte
schwarzen Filz
Klebstoff
Wollnadel
Puder-Rouge in Rosarot

2. + 3. Reihe: 1 feste Masche in jede Masche der Vorreihe häkeln, 1 Wendeluftmasche und die Arbeit wenden (12 M).
4. Reihe: 1 feste Masche in jede Masche der Vorreihe häkeln, bis zum Ende der Reihe häkeln und die Arbeit beenden (12 M).
Das lange, schmale Rechteck der Länge nach zur Mitte falten und zusammennähen, sodass ein kleines Röhrchen entsteht. Den Faden nicht abschneiden, sondern damit den Arm seitlich an den Körper nähen.
Den zweiten Arm genauso häkeln und annähen.

Beine

1. Reihe: Den Anfangsfaden lang hängen lassen, eine Luftmaschenkette mit 9 Maschen häkeln und ab der zweiten Luftmasche vor der Häkelnadel 8 feste Maschen häkeln. Am Ende der Reihe 1 Wendeluftmasche häkeln und die Arbeit wenden (8 M).

2.–5. Reihe: 1 feste Masche in jede Masche der Vorreihe häkeln, 1 Wendeluftmasche und die Arbeit wenden (8 M).

6. Reihe: 1 feste Masche in jede Masche der Vorreihe häkeln, bis zum Ende der Reihe häkeln und die Arbeit beenden (8 M).

Das lange, schmale Rechteck der Länge nach zur Mitte falten und zusammennähen, sodass wieder ein kleines Röhrchen entsteht. Den Faden nicht abschneiden, sondern damit das Bein unten an den Körper nähen.

Das zweite Bein genauso häkeln und annähen.

Augenklappe

Ohne Augenklappe ist es kein Pirat! Also häkeln wir los:

1. Reihe: Den Anfangsfaden lang hängen lassen, eine Luftmaschenkette mit 8 Maschen häkeln und ab der zweiten Luftmasche vor der Häkelnadel 4 feste Maschen häkeln. Dann 1 Wendeluftmasche häkeln und die Arbeit wenden (4 M).

2. Reihe: 1 feste Masche in jede Masche der Vorreihe häkeln, 1 Wendeluftmasche und die Arbeit wenden (4 M).

3. Reihe: 1 feste Masche in jede Masche der Vorreihe häkeln, dann 7 Luftmaschen häkeln und die Arbeit beenden (4 M und 7 Luftmaschen). Den Faden lang hängen lassen, damit wird die Augenklappe festgenäht.

Die Luftmaschenkette von 4 Maschen seitlich am Kopf festnähen, die Luftmaschenkette von 7 Luftmaschen oben am Kopf festnähen, dabei der Augenklappe den gewünschten Winkel geben.

Das schwarze Quadrat der Augenklappe kannst du lose lassen und ein x darunter aufsticken, oder du klebst es mit einem Tropfen Kleber fest. Das zweite AUGE aus schwarzem Filz ausschneiden und aufkleben. Wir geben den Wangen des Piraten mit ein wenig Rouge Farbe. Vorsichtig auftragen, damit es nicht zu stark wird.

Jetzt ist dein Pirat fertig und kann auf der Suche nach einem Schatz in See stechen!

Gespenst Buuuhuiii

Anleitung mit Zunahmen und Abnahmen

Du brauchst weißes Baumwollgarn und ein wenig Füllwatte. Für den Mund schneidest du ein Oval aus einem Rest schwarzen Filz zu, für die Augen zwei Kreise. Du häkelst von unten nach oben (so übst du Zu- und Abnehmen). Du fertigst ZWEI IDENTISCHE TEILE, die du zusammennähst.

1. Reihe: Eine Luftmaschenkette mit 4 Maschen häkeln und ab der zweiten Luftmasche vor der Häkelnadel 3 feste Maschen häkeln. Am Ende der Reihe 1 Wendeluftmasche und die Arbeit wenden (3 M).
2. Reihe: 1 feste Masche in jede Masche der Vorreihe häkeln, 1 Wendeluftmasche und wenden (3 M).
3. Reihe: 1 Zunahme, 1 feste Masche, 1 Zunahme, 1 Wendeluftmasche und wenden (5 M).
4. Reihe: 1 feste Masche in jede Masche der Vorreihe häkeln, 1 Wendeluftmasche und wenden (5 M).
5. Reihe: 1 Zunahme, 3 feste Maschen, 1 Zunahme, 1 Wendeluftmasche und wenden (7 M).
6. Reihe: 1 feste Masche in jede Masche der Vorreihe häkeln, 1 Wendeluftmasche und wenden (7 M).
7. Reihe: 1 Zunahme, 5 feste Maschen, 1 Zunahme, 1 Wendeluftmasche und wenden (9 M).
8. Reihe: 1 feste Masche in jede Masche der Vorreihe häkeln, 1 Wendeluftmasche und wenden (9 M).
9. Reihe: 1 Zunahme, 7 feste Maschen, 1 Zunahme, 1 Wendeluftmasche und wenden (11 M).
10. Reihe: 1 feste Masche in jede Masche der Vorreihe häkeln, 1 Wendeluftmasche und wenden (11 M).
11. Reihe: 1 Zunahme, 9 feste Maschen, 1 Zunahme, 1 Wendeluftmasche häkeln und wenden (13 M).
12. Reihe: 1 feste Masche in jede Masche der Vorreihe häkeln, 1 Wendeluftmasche und wenden (13 M).
13. Reihe: 1 Zunahme, 11 feste Maschen, 1 Zunahme, 1 Wendeluftmasche häkeln und wenden (15 M).

14. Reihe: 1 feste Masche in jede Masche der Vorreihe häkeln, 4 Luftmaschen häkeln und wenden (15 M + 4 Luftmaschen).

15. Reihe: Ab der zweiten Luftmasche vor der Häkelnadel 18 feste Maschen häkeln: 3 feste Maschen auf die Luftmaschenkette und 15 feste Maschen auf die Maschen der Vorreihe, dann 4 Luftmaschen häkeln und wenden (18 M + 4 Luftmaschen).

16. Reihe: Ab der zweiten Luftmasche vor der Häkelnadel 21 feste Maschen häkeln: 3 feste Maschen auf die Luftmaschenkette und 18 feste Maschen auf die Maschen der Vorreihe. 1 Wendeluftmasche und wenden (21 M).

17. Reihe: 1 feste Masche in jede Masche der Vorreihe häkeln, 1 Wendeluftmasche und wenden (21 M).

18. Reihe: 18 feste Maschen in die Maschen der Vorreihe häkeln, 1 Wendeluftmasche und wenden (18 M).

19. Reihe: 15 feste Maschen in die Maschen der Vorreihe häkeln, 1 Wendeluftmasche und wenden (15 M).

20. Reihe: 1 Abnahme, 11 feste Maschen, 1 Abnahme, 1 Wendeluftmasche häkeln und wenden (13 M).

21. Reihe: 1 feste Masche in jede Masche der Vorreihe häkeln, 1 Wendeluftmasche und wenden (13 M).

22. Reihe: 1 Abnahme, 9 feste Maschen, 1 Abnahme, 1 Wendeluftmasche und wenden (11 M).

23. Reihe: 1 feste Masche in jede Masche der Vorreihe häkeln, 1 Wendeluftmasche und wenden (11 M).

24. Reihe: 1 Abnahme, 7 feste Maschen, 1 Abnahme, 1 Wendeluftmasche und die Arbeit wenden (9 M).
25. Reihe: 1 Abnahme, 5 feste Maschen, 1 Abnahme, 1 Wendeluftmasche und die Arbeit wenden (7 M).
26. Reihe: 1 Abnahme, 3 feste Maschen, 1 Abnahme (5 M), die Arbeit beenden.
Ein zweites Teil genauso häkeln.

Das brauchst du:

- weißes Garn
- Füllwatte
- schwarzen Filz
- Klebstoff
- Wollnadel
- Puder-Rouge in Rosarot

Den Anfangsfaden in eine Wollnadel fädeln und die beiden **Teile aufeinandernähen**, dabei darauf achten, dass die Arme des Gespenstes genau aufeinanderliegen. Die Naht noch nicht vollständig schließen, sondern **eine kleine Öffnung lassen**, die breit genug ist um

1. Die **Arbeit zu wenden**, also von innen nach außen umzustülpen. Das kannst du zur Not auch sein lassen, da es kaum auffällt, nur die Naht sieht so etwas schöner aus.
2. Das Gespenst gut, nicht zu weich und nicht zu fest, **auszustopfen** – auch die kleinen Ärmchen.

Für die **AUGEN** schneidest du zwei kleine Kreise aus schwarzem Filz aus und klebst sie auf den Kopf. Es ist egal, wenn sie nicht ganz gleichmäßig sind, schließlich hat noch niemand einem Geist in die Augen geguckt! Wenn du möchtest, kannst du statt der Filzaugen auch Wackelaugen aufkleben.

Für den **MUND** schneidest du ein Oval aus schwarzem Filz aus und klebst es unter die Augen.
Die Wangen mit etwas Rouge rosig färben (probier das erst auf einem Stück Papier aus, damit es später so aussieht, wie du möchtest).

Buuhuuiii!

Täschchen für deine Siebensachen

Anleitung mit Stäbchen

In diesem Täschchen kannst du alles verstauen, was du unterwegs so brauchst! Ist es geöffnet, kannst du Pimpinella oder Gambalunga hineinstellen, du kannst sie aber auch schließen, um kleine Dinge sicher zu verstauen. Die Tasche ist einfach zu häkeln und eine gute Übung fürs Stäbchen häkeln.
Stäbchen sind doppelt so hoch wie feste Maschen, daher kommst du schnell voran. Du häkelst ein langes Rechteck, das nicht ganz zur Hälfte zusammengelegt und seitlich zusammengenäht wird.

Los geht's!

1. Reihe: Eine Luftmaschenkette mit 25 Maschen häkeln und ab der DRITTEN Luftmasche vor der Häkelnadel 23 Stäbchen häkeln. Am Ende der Reihe 2 Wendeluftmaschen häkeln und die Arbeit wenden (23 M).

2.–28. Reihe: 1 Stäbchen in jede Masche der Vorreihe häkeln, 2 Wendeluftmaschen und wenden (23 M).
29. Reihe: 1 Stäbchen in jede Masche der Vorreihe häkeln, 1 Wendeluftmasche und wenden (23 M).
30. Reihe: 10 Kettmaschen häkeln, dabei nur in das hintere Maschenglied einstechen (wie auf Seite 30 erklärt), 6 Luftmaschen, 4 Maschen der Vorreihe übergehen, 9 Kettmaschen bis zum Ende der Reihe häkeln, dabei nur in das hintere Maschenglied einstechen.

Die **Arbeit beenden**. Die Luftmaschen in der Mitte der 30. Reihe dienen als Öse für den Knopf. Die Größe des Knopfs muss dazu passen: wenn der Knopf größer oder kleiner ist, mehr oder weniger Luftmaschen häkeln.

Das **Rechteck zusammenlegen**, dabei den hinteren Teil für die Taschenklappe länger lassen, und die **Seiten zusammennähen**.

Für den **SCHULTERRIEMEN** eine lange Luftmaschenkette häkeln (probier aus, wie lang der Riemen sein muss, damit du die Tasche bequem tragen kannst). Ist die richtige Länge erreicht, beendest du die Arbeit und nähst die Luftmaschenkette an den Seiten der Tasche fest.

Das brauchst du:

gelbes Garn
buntes Schleifenband
1 Knopf
bunte Perlen
Wollnadel

Den Knopf als Verschluss annähen und die Tasche **nach deinen Ideen verzieren!**
Wir haben ein Schleifenband durch die Maschen gefädelt und Perlen angenäht – was lässt du dir einfallen? Nähst du noch mehr Perlen auf? Bringst du ein kleines Schleifchen an? Du hast **unendlich viele Möglichkeiten!**

Kopfhörer-Täschchen

Anleitung mit festen Maschen

Dieses **Projekt** ist supereinfach, gut zum Üben von festen Maschen und etwas, das man toll verschenken kann! Ein Kopfhörer-Täschchen braucht wirklich jeder, das kommt immer gut an. Wir häkeln ein Rechteck, das oben und unten umgeschlagen in ein Quadrat verwandelt wird– das ist der ganze **Trick!**

1. Reihe: Den Anfangsfaden lang hängen lassen, eine Luftmaschenkette mit 16 Maschen häkeln und ab der zweiten Luftmasche vor der Häkelnadel 15 feste Maschen häkeln. Am Ende der Reihe 1 Wendeluftmasche häkeln und die Arbeit wenden (15 M).
2.-35. Reihe: 1 feste Masche in jede Masche der Vorreihe häkeln, 1 Wendeluftmasche und wenden (15 M).
36. Reihe: 1 feste Masche in jede Masche der Vorreihe häkeln bis zum Ende der Reihe (15 M), Arbeit beenden, Faden nicht zu kurz abschneiden.

Wenn du das fertige Häkelrechteck anschaust, siehst du, dass **2 REIHEN** feste Maschen **1 RIPPE** bilden. Zähl 3 Rippen von der Oberseite ab und falte sie zur Mitte, hin, dann zähle 5 Rippen von der Unterseite ab und falte sie ebenfalls zur Mitte hin. Es entsteht ein Quadrat (ungefähr). **Nähe** die Seiten zusammen und lasse die Öffnung im oberen Drittel frei. Jetzt kannst du deine Kopfhörer darin aufbewahren.

Wir haben ein Wackelauge aufgeklebt und ein X aufgestickt. Du kannst das Täschchen nach deinen Ideen mit Perlen, Knöpfen, Bändern oder auch mit aufgestickten Buchstaben verzieren – **wie es dir gefällt!**

Zahnfee-Täschchen

Anleitung mit festen Maschen

Kennst du die Zahnfee?

Verlierst du einen Milchzahn, legst du ihn unters Kopfkissen oder auf den Nachttisch, und wenn du schläfst, holt ihn die Zahnfee und lässt dir stattdessen ein kleines Geschenk da. Mit einem Täschchen extra für deinen Milchzahn klappt der Tausch perfekt – vielleicht ist die Zahnfee sogar so beeindruckt von deinen Häkelkünsten, dass sie dir ein extraschönes Geschenk aussucht!

Das Täschchen ist einfach zu häkeln und wird mit einem hübschen Knopf oder einer Perle zum Schmuckstück.

1. Reihe: Den Anfangsfaden lang hängen lassen, eine Luftmaschenkette mit 11 Maschen häkeln und ab der zweiten Luftmasche vor der Häkelnadel 10 feste Maschen häkeln. Am Ende der Reihe 1 Wendeluftmasche häkeln und die Arbeit wenden (10 M).

2.–24. Reihe: 1 feste Masche in jede Masche der Vorreihe häkeln, 1 Wendeluftmasche und wenden (10 M).
25. Reihe: 3 feste Maschen, 5 Luftmaschen, 4 Maschen der Vorreihe übergehen, 3 feste Maschen bis zum Ende der Reihe häkeln, 1 Wendeluftmasche und wenden (6 M und 5 Luftmaschen).
26. Reihe: 3 feste Maschen, 6 feste Maschen in die Luftmaschen der Vorreihe, 3 feste Maschen bis zum Ende der Reihe häkeln (12 M), Arbeit beenden.

Auch bei diesem Rechteck bilden 2 REIHEN wieder 1 RIPPE, die sich deutlich abzeichnet. Zähle 5 Rippen von unten und falte sie zur Mitte hin, dadurch entsteht ein quadratisches Täschchen. Der obere Teil ist die Taschenklappe. Die Seiten zusammennähen und den Knopf für den Verschluss auf die Vorderseite nähen – achte darauf, dass er durch das Knopfloch passt, und probiere es aus, damit du ihn an die richtige Stelle nähst.

Unser Knopf sieht aus wie ein Smartie – vielleicht findest du auch etwas Hübsches in der Knopfschachtel deiner Eltern oder Großeltern!

Mit einem Spaltring an einer Ecke kannst du das Täschchen an einen Schlüsselbund hängen und Kleingeld oder die Münze für den Einkaufswagen darin aufbewahren. Dann wird's auch ein **tolles Geschenk** für Mama oder Papa!

Das brauchst du:

gelbes Garn
1 hübschen Knopf
Wollnadel

Häkelmedaille

Anleitung mit Spiralrunden

Nachdem du schon so viel gelernt und feste Maschen, Stäbchen, Ab- und Zunahmen fleißig geübt hast, kommt hier das perfekte Projekt für das Häkeln in Spiralrunden: Eine MEDAILLE, die du dir wirklich verdient hast!

1. Runde: Wie auf Seite 49 beschrieben, startest du mit einer Anfangsschlinge und 2 Luftmaschen. Dann häkle 6 feste Maschen in die zweite Luftmasche vor der Häkelnadel. (6 M).

2. Runde: In Spiralrunden weiterhäkeln. Denk daran, deinen MASCHENMARKIERER zu setzen, und ihn in jeder Runde nach oben zu verschieben, damit du immer weißt, wo die Runde beginnt. In jede Masche der Vorrunde 1 Zunahme (also zwei feste Maschen in eine Masche der Vorrunde) häkeln (12 M).

3. Runde: Im Wechsel 1 feste Masche und 1 Zunahme häkeln (18 M).

4. Runde: Im Wechsel 2 feste Maschen und 1 Zunahme häkeln (24 M): Denk daran, deinen MASCHENMARKIERER nach oben zu setzen.

5. Runde: Im Wechsel 3 feste Maschen und 1 Zunahme häkeln (30 M).

6. Runde: Im Wechsel 4 feste Maschen und 1 Zunahme häkeln (36 M).

Zum Schluss häkle noch eine Kettmasche in die erste Masche dieser Runde, damit der Kreis schön geschlossen wirkt. Dann die Arbeit beenden, dabei den Faden nicht zu kurz abschneiden.

Häkle noch einen zweiten Kreis genau wie diesen – eine gute Übung, damit du richtig gut darin wirst, Kreise zu häkeln! Wenn er fertig ist, den Endfaden durch die Wollnadel fädeln und damit die beiden Kreise für deine Medaille aufeinandernähen.

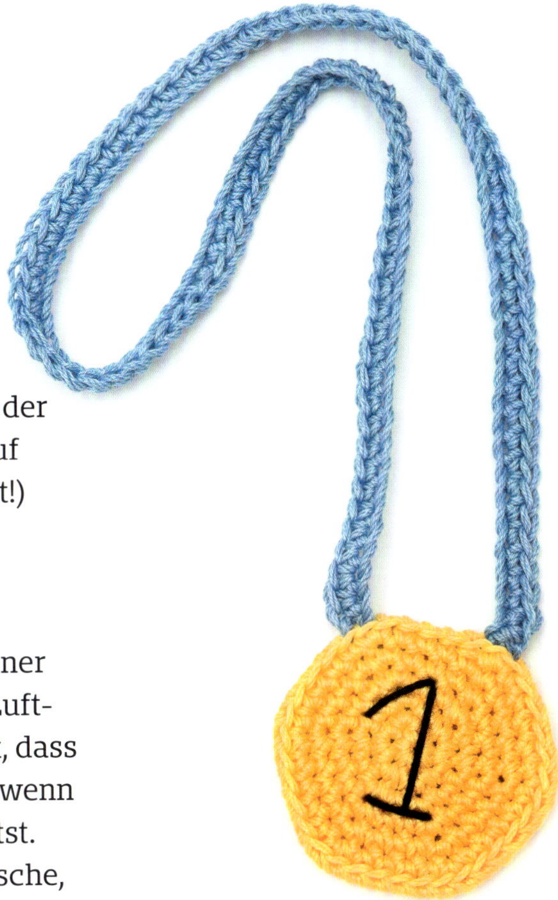

Sticke mit schwarzem Garn die Zahl 1 genau in die Mitte der Medaille (denn du hast dir auf jeden Fall **PLATZ 1** verdient!)

Nun ist die **Kette** für deine Medaille an der Reihe.
1. Reihe: Du startest mit einer Anfangsschlinge und einer Luftmaschenkette, die so lang ist, dass dein Kopf locker durchpasst, wenn du die Enden zusammenhältst.
2. Reihe: Ab der 2. Luftmasche, gezählt ab Häkelnadel, in jede Masche der Vorreihe bis zum Reihenende eine feste Masche häkeln.
Dann die Arbeit beenden.

Das brauchst du:

Garn in 3 Farben
Wollnadel
bunte Perlen (wenn du möchtest)

Mit dem Anfangs- und dem Endfaden der Kette die Medaille an die Kette **nähen**. Achte dabei darauf, dass sie **schön flach liegt** und die Kette sich nicht verdreht.

Du kannst die andere Seite deiner Medaille auch wie einen Anhänger mit Perlen aller Art verzieren. Diese am besten vor dem Zusammennähen auf einen deiner Kreise aufnähen, dann verschwinden die Fäden dafür zwischen den beiden Kreisen und sind bei der fertigen Medaille nicht zu sehen.

Wir spielen Tic Tac Toe!

Anleitung mit Stäbchen und Spiralrunden

Regentag? Lange Autofahrt?
Lauert die Langeweile?
Niemals, wir spielen Tic Tac Toe!

Dafür häkeln wir 2 QUADRATE in unterschiedlichen Farben.

Spielbrett

Wir beginnen mit dem SPIELBRETT aus 2 Häkelquadraten.

1. Reihe: Den Anfangsfaden lang hängen lassen, eine Luftmaschenkette mit 26 Maschen häkeln und ab der DRITTEN Luftmasche vor der Häkelnadel 24 Stäbchen häkeln. Am Ende der Reihe 2 Wendeluftmaschen häkeln und die Arbeit wenden (24 M).

2.-11. Reihe: 1 Stäbchen in jede Masche der Vorreihe häkeln, 2 Wendeluftmaschen und die Arbeit wenden (24 M).

12. Reihe: 1 Stäbchen in jede Masche der Vorreihe bis zum Reihenende häkeln und die Arbeit beenden (24 M).

Ein zweites Quadrat in einer anderen Farbe genauso häkeln.

Schwarzen Faden in die Wollnadel fädeln und auf eines der Quadrate Linien im Stielstich aufsticken. Für die senkrechten Linien jeweils 8 Maschen von den Kanten aus abzählen, für die waagerechten Linien 4 Reihen von unten bzw. oben abzählen. Die Quadrate rechts auf rechts aufeinanderlegen und nur an 3 SEITEN aufeinandernähen. Die Arbeit wenden, sodass die rechten Seiten außen liegen,

Das brauchst du:

Garn in 5 Farben

Wollnadel

und in Form ziehen: Das Spielbrett ist gleichzeitig die Aufbewahrungstasche für die Spielsteine.

Spielsteine

Du brauchst 5 Spielsteine pro Farbe. Sie sind schnell gehäkelt.

1. Runde: Mit einer Anfangsschlinge und 2 Luftmaschen beginnen. In die zweite Luftmasche vor der Häkelnadel 6 feste Maschen häkeln (6 M).
2. Runde: In Spiralrunden weiterhäkeln. In jede Masche der Vorrunde 1 Zunahme häkeln (12 M).

Zum Schluss häkle noch eine Kettmasche in die erste Masche dieser Runde, damit der Kreis schön geschlossen wirkt. Dann die **Arbeit beenden**, dabei den Faden nicht zu kurz abschneiden und auf der Rückseite vernähen.

Alle Spielsteine fertig? **Wer macht den ersten Zug?**

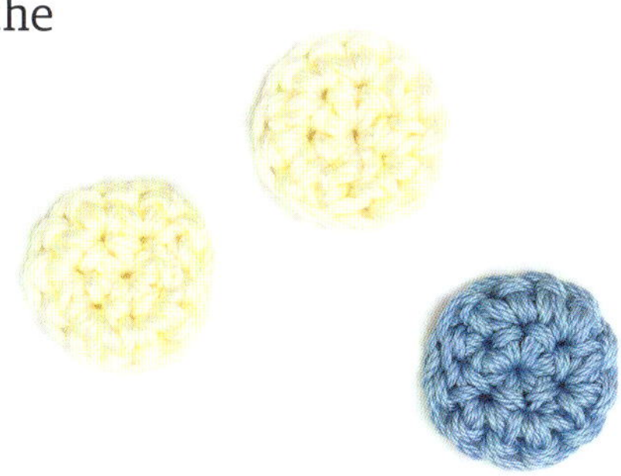

Anhänger Boho-Chic

Anleitung mit Spiralrunden für Recycling-Fans

Für dieses Buch haben wir viel ausprobiert und jede Menge kleiner Proben gehäkelt. Alle, die nicht zu vollständigen Projekten wurden, haben wir in einer großen Restekiste gesammelt. Aus vielen dieser kleinen, bunten Häkeleien können neue Dinge entstehen – du kannst deine Häkelproben recyceln!

Wir haben ein paar unserer Proben aus der Restekiste ausgesucht, und sie mit Perlen, Knöpfen und bunten Garnen in fantastische Anhänger verwandelt. Für vier solcher Schmuckanhänger folgt jetzt eine genaue Anleitung.

Für alle benötigst du einen SPALTRING aus Metall für die Aufhängung, den du durch ein paar Maschen ziehst. Damit kannst du sie an Taschen oder Kleidung befestigen oder auch an einer Kette tragen. Als erstes Projekt auf deiner Reise in die Welt des Häkelns haben wir ein Halsband aus Luftmaschenketten gehäkelt, das du jetzt, nachdem du so viel übers Häkeln gelernt hast und schon ein echter Häkelprofi bist, mit wunderschönen Anhängern schmücken kannst.

Das brauchst du:

- Garne in Farben deiner Wahl
- Spaltringe
- Perlen und Dekomaterial aus der Restekiste
- Wollnadel

Bunter Halbkreis-Anhänger

1. Runde: Du startest mit einer Anfangsschlinge und 2 Luftmaschen. Dann häkle 6 feste Maschen in die zweite Luftmasche vor der Häkelnadel. (6 M).

2. Runde: In Spiralrunden weiterhäkeln. In jede Masche der Vorrunde 1 Zunahme häkeln (12 M).

3. Runde: Im Wechsel 1 feste Masche und 1 Zunahme häkeln (18 M).

4. Runde: Im Wechsel 2 feste Maschen und 1 Zunahme häkeln (24 M).

5. Runde: Im Wechsel 3 feste Maschen und 1 Zunahme häkeln, dabei bei der letzten Masche die Farbe wechseln (30 M).

6. Runde: Im Wechsel 4 feste Maschen und 1 Zunahme häkeln (36 M).

7. Runde: Im Wechsel 5 feste Maschen und 1 Zunahme häkeln (42 M).

8. Runde: Im Wechsel 6 feste Maschen und 1 Zunahme häkeln, dabei bei der letzten Masche die Farbe wechseln (48 M).

9. Runde: Im Wechsel 7 feste Maschen und 1 Zunahme häkeln (54 M).

10. Runde: 5 feste Maschen häkeln (5 M) und die Arbeit beenden, dabei den Faden nicht zu kurz abschneiden. Den Faden in eine Wollnadel fädeln, den Kreis zur Mitte falten und zum Halbkreis zusammennähen.

Zum Schluss kannst du den Anhänger mit **bunten Perlen** nach deinen Ideen verzieren.

Quallen-Anhänger

1. Runde: Du startest mit einer Anfangsschlinge und 2 Luftmaschen. Dann häkle 6 feste Maschen in die zweite Luftmasche vor der Häkelnadel. (6 M).
2. Runde: In Spiralrunden weiterhäkeln. In jede Masche der Vorrunde 1 Zunahme häkeln (12 M).
3. Runde: Im Wechsel 1 feste Masche und 1 Zunahme häkeln (18 M).
4. Runde: Im Wechsel 2 feste Maschen und 1 Zunahme häkeln (24 M).
5.–7. Runde: Eine feste Masche in jede Masche der Vorrunde häkeln (24 M).
Die **Arbeit beenden**, dabei den Faden nicht zu kurz abschneiden. Den Faden in eine Wollnadel fädeln, die Arbeit zur Mitte falten und unten zusammennähen.

Für die Tentakel haben wir Perlenschnüre angenäht. Bei uns hatte der Hund eine Weihnachtsdeko zerkaut, von der wir die Perlenschnüre retten und verwenden konnten. Vielleicht kannst du etwas Ähnliches von alten Kleidern oder von Modeschmuck, der nicht mehr getragen wird, abtrennen. Oder du häkelst Luftmaschenketten aus Glitzergarn. Probier aus, was dir gefällt, und wenn es passt, binde die Tentakel zusammen, schiebe sie unten in den Anhänger und nähe sie fest. Weitere Perlen nach deinem Geschmack annähen.

Rechteckiger Anhänger

1. Reihe: Eine Luftmaschenkette mit 21 Maschen häkeln und ab der zweiten Luftmasche vor der Häkelnadel 20 feste Maschen häkeln. Am Ende der Reihe 1 Wendeluftmasche häkeln und die Arbeit wenden (20 M).

2.–7. Reihe: 1 feste Masche in jede Masche der Vorreihe häkeln, 1 Wendeluftmasche, wenden. (20 M).

8. Reihe: 1 feste Masche in jede Masche der Vorreihe häkeln, am Ende der Reihe Farbe wechseln, die Wendeluftmasche bereits in der neuen Farbe häkeln und wenden (20 M).

9.–13. Reihe: 1 feste Masche in jede Masche der Vorreihe häkeln, 1 Wendeluftmasche, wenden (20 M).

14. Reihe: 1 feste Masche in jede Masche der Vorreihe häkeln (20 M) und die Arbeit beenden, dabei den Faden nicht zu kurz abschneiden.

Die Arbeit **quer zur Hälfte falten** und den oberen Teil mit dem Endfaden und den unteren Teil mit dem Anfangsfaden **zusammennähen**. Alle Fäden vernähen. Nach deinen Ideen mit Perlen verzieren.

Anhänger mit roten Halbmonden

1. Runde: Du startest mit einer Anfangsschlinge und 2 Luftmaschen. Dann häkle 6 feste Maschen in die zweite Luftmasche vor der Häkelnadel (6 M).
2. Runde: In Spiralrunden weiterhäkeln. In jede Masche der Vorrunde 1 Zunahme häkeln (12 M).
3. Runde: Im Wechsel 1 feste Masche und 1 Zunahme häkeln (18 M).
Die **Arbeit beenden**, dabei den Faden nicht zu kurz abschneiden. Den Faden in eine Wollnadel fädeln, die Arbeit zur Mitte falten und **zusammennähen**. 2 weitere Halbmonde genauso häkeln.

Für diesen Anhänger brauchst du rote Holzperlen und weiße Glasperlen, die du mit rotem Faden auffädelst und dabei die roten Halbmonde dazwischensetzt, indem du sie in der Mitte durchstichst. Oben einen Spaltring für die Aufhängung mitfassen. Gut verknoten und den Knoten in einem Häkelhalbmond verstecken.

Die Supertabelle

Um die Anleitungen gut verständlich zu machen, haben wir keine Symbole und keine Abkürzungen verwendet. Hier gibt es eine Übersicht von überall in der Welt gebräuchlichen Zeichen und häufigen Abkürzungen, damit du auch Anleitungen aus anderen Büchern oder Zeitschriften verstehst.

Zeichen

Luftmasche		
Kettmasche		
Feste Masche		
Stäbchen		
Abnahme feste Maschen		
Abnahme Stäbchen		
Zunahme feste Maschen		
Zunahme Stäbchen		
Mausezähnchen		
5 Stäbchen in eine Einstichstelle (Muschel)		
Arbeitsrichtung		
Arbeitsbeginn		
Arbeitsende		

Abkürzungen

abn = abnehmen

anschl = anschlagen

arb = arbeiten

fe M = feste Masche

folg = folgende

Kettm = Kettmasche

Lftm = Luftmasche

M = Masche(n)

Stb = Stäbchen

wdh = wiederholen

zun = zunehmen

zusnähen = zusammennähen

[ ] { } ( ) = Die Anleitung in Klammern so oft wiederholen wie angegeben

Ab * wdh = eine größere Gruppe, auch Mustersatz oder Rapport genannt, so oft wiederholen wie angegeben.

Impressum

Autorin: Mariella Vitale
Fotografie: Giorgio Uccellini
Illustrationen: Aleida Esposito
Übersetzung: Janne Graf
Layout/Satz für die deutsche Ausgabe: satz & repro Grieb, München
Umschlag: Louise Lemke
Repro: LUDWIG:media
Herstellung: Vanessa Brunner

Printed in Türkiye by Elma Basim

★★★★★

Sind Sie mit diesem Titel zufrieden? Dann würden wir uns über Ihre Weiterempfehlung freuen. Erzählen Sie es im Freundeskreis, berichten Sie Ihremw Buchhändler oder bewerten Sie beim Onlinekauf. Und wenn Sie Kritik, Korrekturen oder Aktualisierungen haben, freuen wir uns über Ihre Nachricht an Christophorus Verlag, Postfach 40 02 09, D-80702 München oder per E-Mail an lektorat@verlagshaus.de.

Unser komplettes Programm finden Sie unter

www.christophorus-verlag.de

Die Deutsche Nationalbibliothek verzeichnet diese Publikation in der Deutschen Nationalbibliografie;
detaillierte bibliografische Daten sind im Internet über http://www.dnb.de abrufbar.

2. Auflage, 2024

ISBN 978-3-8410-6719-7

Kreativ-Service

Sie haben Fragen zu den Büchern und Materialien? Frau Erika Noll ist für Sie da und berät Sie rund um alle Kreativthemen. Rufen Sie an! Wir interessieren uns auch für Ihre eigenen Ideen und Anregungen. Sie erreichen Frau Noll per E-Mail: **kreativ-service@c-verlag.de** oder Tel.: **+ 49 (0)89 - 1306 99 - 577.**

Besuchen Sie uns im Internet: www.christophorus-verlag.de & www.selbstgemacht.de